필드에서 나를 돋보이게 하는

베스트 | 매너 | 스트레칭

stretching

최성이 지음

개미와 베짱이

필드에서 나를 돋보이게 하는

베스트 매너 스트레칭
stretching

님께

목차

프롤로그

제1장 마음으로 치는 골프 _ 15
1. 긍정적 힘 _ 16
2. 골프는 상상력의 게임 _ 24
3. 골프는 90%가 연습과 자신감, 10%만이 기술 _ 27
4. 골프와 이미지 파워 _ 34
5. 골프채로 볼을 친다고 해서 모두 다 골퍼는 아니다 _ 36

제2장 필드에서 따라하는 골프 매너 _ 39
1. 즐거운 골프를 위해 _ 40
2. 골프를 잘하기 위한 방법 _ 44
3. 내기 골프의 에티켓 _ 56
4. 골프의 에티켓 _ 65

제3장 혈액형을 알면 골프가 강해진다 _ 77

1. 기질을 알아야 골프 비즈니스에 성공한다 _ 78
2. 영웅 타입 O형 _ 80
3. 사색 타입 A형 _ 85
4. 감각적인 타입 B형 _ 90
5. 합리적인 타입 AB형 _ 95

제4장 개성이 다른 사람과의 라운드 _ 101

1. 너 자신을 알라 - 호감받는 이미지 메이킹 법 _ 102
2. 개성에 따른 심리 구조 _ 104
3. 자기 주도형 D타입과 골프하기 _ 109
4. 듣기보다 말하기를 좋아하는 I타입과 골프하기 _ 111
5. 예스맨 S타입과 골프하기 _ 113
6. 심사숙고형인 C타입과 골프하기 _ 116

제5장 상대방을 사로잡는 라운드 대화법 _ 121

1. 당신의 표정은 어떤 타입일까? _ 122
2. 호감받는 대화 방법 _ 126
3. 칭찬의 미학 _ 135
4. 유머가 넘치는 대화법 _ 139
5. 표현하지 않아도 내 마음을 알아줄까? _ 144

제6장 알고 치면 유쾌한 골프 이야기 _ 151

   1. 꼭 알아두어야 할 경기 방법 _ 152

   2. 클럽의 종류와 기능 _ 155

   3. 골프 에티켓/플레이/관전 _ 160

   4. 경기 방식 _ 167

부록 인간관계를 위한 골프 에티켓 어드바이스 _ 173

   1. 꼭 지켜야할 에티켓 10조 _ 174

   2. 에티켓이 필요한 이유 _ 177

   3. 꼭 지켜야 할 골프 규칙 _ 180

   4. 비즈니스 골프 에티켓 _ 183

   5. 골프 황금률 10조 _ 184

   6. 캐디에게 지켜야 할 6가지 규정 _ 189

맺음말 _ 191

전국 골프장 가는 길 _ 195

프롤로그

타이거 우즈, 최경주, 박 세리, 미셸 위, 그 외에도 많은 프로 골퍼들의 공통점은 무엇일까요? 바로 골프를 통해 세계무대를 질주하고 있다는 것입니다. 그들은 어떤 비즈니스 못지않은 팽팽한 골프의 승부 속에서 스스로를 단련하고 그 안에서 세기의 승리자가 되었습니다. 이는 우리 모두도 마찬가지입니다. 자신이 하고 있는 일, 그리고 흥미로운 관심사 속에서 성장하고 단련할 수 있다는 것이야말로 인간으로서의 우리가 가진 가장 귀한 특권이 아닐까요?

이 책은 골프를 통해 이 세상을 바라보기 위한 입문서입니다. 특히 골프는 비즈니스 관계와 밀접합니다. 실제로 수많은 정치가들과 경영자들이 골프를 즐기는 것도 바로 그런 이유에서일 것입니다. 이 책은 필자의 개인적 경험과 각 분야 최고 경영자들의 인터뷰

내용을 토대로 쓴 골프 지침서로서, 골프를 잘 하는 사람이든 이제 막 시작한 사람이든 다양한 식견과 설문 내용, 테크닉으로 골프라는 경기의 진면목을 깨닫게 될 것입니다. 또한 동반자인 파트너를 좀 더 잘 이해하게 됨으로써 사업이라는 게임에 자신있게 임하는 법을 배울 수 있을 것입니다.

비즈니스 골프에서는 무엇보다 상대의 특성을 잘 파악하는 것이 중요합니다. 그러기 위해서는 먼저 자기의 인격과 습관, 약점부터 알아야 합니다. 그리고 스코어를 향상시키기 위해 노력하듯 대인관계를 위해 노력해야 하며, 코스에서는 언제나 사심 없이 라운드에 임해야 합니다.

이 책을 읽기 전에 먼저 기본적으로 알아야 할 몇 가지 핵심이 있습니다. 첫째, 비즈니스 골프에서 가장 중요한 것은 당신과 상대와의 인간관계입니다. 둘째, 상대가 어떤 사람이든 그를 이해할 수

있는 이해심과 유머를 겸비해야 합니다. 셋째, 골프가 개인적 유대 관계를 성숙시키는 최고의 수단이 될 수 있다는 확신을 가져야 합니다. 골프를 즐기는 사람이건, 처음 골프를 시작하는 사람이건, 이 책을 읽으면 골프의 참 즐거움을 알게 되고 그로부터 얻는 지혜 또한 늘어날 것입니다.

일반적으로 비즈니스 골프는 토너먼트 시합이나 주말에 즐기는 골프와는 성격이 다릅니다. 골프 이외의 것, 다시 말해 라운드의 분위기나 동반 플레이어와의 관계가 더 중요한 의미를 갖기 때문입니다. 따라서 좋은 결과를 위해서는 경기 규칙과 에티켓, 그리고 대화 기술을 잘 숙지해야 합니다. 이 책은 그런 대인관계를 중점적으로 기술한 것일 뿐 골프 기술에 관한 책은 아닙니다. 골프의 기술적 측면을 가르치는 것은 프로 골퍼들의 몫입니다.

골프가 이렇게 어려운 스포츠임에도 모든 골퍼들이 경기력 향상

을 위해 끊임없이 노력하는 것은, 그 노력을 통해 경기 능력이 더 나아질 수 있다는 사실을 알기 때문입니다. 프로 선수들도 예외는 아닙니다. 그들 역시 언제나 완벽한 플레이를 할 수 있는 것은 아니므로 더 나은 플레이를 하기 위해 많은 시간을 투자합니다. 예를 들어 존 업다이크는 이런 특징 면에서 골프는 '중독성을 가진 스포츠'라고 말했습니다. 만일 여러분도 자신의 경기력에 만족하지 못한다면, 전문적인 도움을 받아 기술수준을 높일 것을 권합니다. 그러면 골프라운드가 점점 더 즐거워지게 될 것입니다. 그리고 이 책은 라운드 실력을 향상시키기 이전에 어떻게 하면 즐거운 골프 세계를 만끽할 수 있는지 그 입문적 지침을 마련해줄 것입니다.

골프에서는 핸디캡 시스템이라는 것이 있어 모든 골퍼를 동등한 입장에 서게 만듭니다. 비즈니스 골프에서 핸디캡 시스템을 적용하는 것도 바로 이를 통해 좋은 결과를 만들기 위해서입니다. 즉 비즈니스 골프는 비즈니스 그 자체만큼이나 많은 우여곡절과 가슴 깊은 감동, 그리고 현명한 승부를 포함합니다. 그리고 이 책은 우리가 범하기 쉬운 실수 유형들을 설명해줌으로써 골프는 물론 그 골프를 하는 마음가짐 자체를 즐기도록 해줄 것입니다. 더 나아가 골프가 더 재미있고 유익한 활동으로 느껴질 것입니다. 즉 골프 라운드에서 쌓은 다양한 경험이 당신의 사업 번창은 물론 인간관계에까지 도움의 손길을 줄 것입니다.

끝으로 본 책자를 집필하는 데 많은 도움을 주신 여러분께 진심으로 감사의 말씀을 드립니다.

최성이

제1장

마음으로 치는 골프

1. 긍정적 힘

근래 들어 골프에 대한 인식이 새롭게 바뀌고 있습니다. 지난 시절 골프는 이래저래 도마 위에서 뭇매를 맞곤 했습니다. 한번은 한 정치인과 어린이들의 대담에서 이런 일이 있었습니다. 모 정치인이 초등학교 어린이들에게 "정치인들이 하는 일이 뭐라고 생각합니까?"라고 묻자, 한 아이가 고개를 갸웃하며 "골프 치는 사람이요." 라고 대답해서 주변 어른들을 깜짝 놀라게 한 일이 있었습니다.

그러나 21세기는 골프가 밀실 거래에서나 이용되던 시대가 아니라 이른바 골프의 전문화, 대중화 시대입니다. 현재 우리나라에서도 남녀노소를 불문하고 매해마다 많은 아마추어 골퍼들이 생겨나고, 필드 역시 다양한 계층의 사람들로 가득 메워지고 있습니다. 또한 각 여행사들의 여행 상품 중에 예전에는 볼 수 없었던 골프 상품

들까지 앞 다투어 등장하고 있을 정도입니다. 하지만 많은 이들이 아직 골프를 '로비나 사회악'의 일종으로 보고 있다는 건 가슴 아픈 일이 아닐 수 없습니다. 하지만 골프에 대한 인식을 바꾸려는 골퍼들의 노력들도 활발하게 이루어지고 있는 지금, 골프는 대중적인 스포츠라 말할 수 있을 것 같습니다.

그도 그럴 것이 80년대 이후 골프장들이 잇달아 생기면서 우리나라 골프 인구도 이제 340만 명을 넘어서고 있고, 어떤 스포츠를 즐기는 마니아 수가 많아지면 그 문화 또한 새로이 쓰여지는 게 순차이기 때문입니다. 즉 이 많은 골퍼들이 현재 각각의 방식으로 골프를 사랑하고, 더 나아가 좀 더 훌륭한 골퍼가 되려고 노력하고 있는 것입니다. 그렇다면 한번 발을 들이면 빠져나올 수 없다고 할 정도로, 이 많은 골퍼들을 사로잡은 골프의 긍정적인 매력은 어디에 있는 걸까요?

실제로 골프의 기원지로 알려진 스코틀랜드에서는, 저 옛날 골프가 한창 사랑받았던 무렵 모두들 골프를 치느라 교회 예배는 물론 중요한 행사까지도 사람이 텅텅 빌 정도였다고 합니다. 당시 스코틀랜드 정부가 골프 금지령을 내린 것도 무리가 아니었던 셈이지요. 골프는 언뜻 채로 잔디 위의 공을 굴려 구멍 안에 넣는 게 전부인 것처럼 보입니다. 그러나 일명 골프광들은 골프 안에서 인생의 힘과 철학을 찾기도 합니다. 골프가 인생살이와 비슷하다는 말이 공공연하게 인정받고 있을 정도입니다.

게다가 골프 마니아들은 이 골프란 게 직접 해보지 않고는 그 온전한 매력을 알 수 없다고 말합니다. 중장년은 물론 80세 넘은 노인들도 골프채를 들고 필드를 찾는 것을 보면, 실제로 골프의 매력이 상당히 크다는 것만큼은 충분히 알 수 있습니다. 게다가 10대들 사이에서도 골프 붐이 끊이지 않고 있습니다. 평생을 함께 하는 운동, 삶에 도움이 되는 운동으로서 골프가 우리 삶의 동반자가 되고 있는 것입니다.

혹자는 골프가 돈이 있어야 할 수 있는 운동이라고 생각합니다. 그러나 이는 명백히 잘못된 생각입니다. 그렇다면 실제로 이처럼 널리 골프가 보급될 수도 없었을 것입니다. 수억 원 대의 골프 회원권이 아니라도 저렴한 비용으로 즐길 수 있는 퍼블릭 코스도 상당 수 생겨났기 때문입니다. 또한 많은 국내 골프용품 회사들이 질 좋은 제품들을 만들어내기 시작하면서 골프용품 가격도 얼마든지 내 수준에 맞출 수 있게 되었습니다.

그리고 무엇보다도 근래 들어, 골프야말로 한군데에 몰입해 자신의 에너지를 극대화하고 그를 통해 긍정적인 힘을 이끌어내는 보기 드문 운동이라는 사실이 인정받고 있습니다. 그리고 바로 이 점이 골프의 대중화에 가장 큰 기여를 했다고 볼 수 있습니다. 즉 골프는 조용한 가운데 확실한 목표를 세우고, 동반자와 선의의 경쟁을 통해 친밀한 관계를 형성하고, 자신이 가진 내면의 힘을 시험해볼 수 있는 보기 드문 운동이기 때문입니다. 또한 단순히 보여주기 위한 골프가 아닌, 골프의 이런 장점을 아는 사람이라면, 골프의 가치를 인정하고 더 매너 있는 골퍼가 되려고 노력할 것입니다. 지금은 골프가 가진 긍정적 힘을 다시 한 번 되새겨볼 시점입니다. 점점 더 늘어나는 골프 인구만큼이나, 골프를 올바로 즐긴다는 것은 무엇인가 반드시 한번쯤 고민해봐야 한다는 뜻입니다.

일단 가장 먼저 알아야 할 것은 골프 용어입니다. 실제로 골프를 즐기는 사람들이 점점 늘어나고 있는 지금, 골프 용어는 골퍼들 간의 소통을 담당하고 있습니다. 골프가 관계의 스포츠, 동행의 스포츠라는 점에서 소통은 빼놓을 수 없는 핵심 요소입니다. 게다가 해외 골프 관광객이 63만 5천명을 넘어서고 있는 상황에서 우리는 언제 어디서나 외국 골퍼들과도 접촉할 수 있습니다. 그리고 세계 교류 시대에 골퍼로서 중요한 자질인 세련된 매너와 올바른 용어 사용은 한국 골프 문화에 대한 평가의 근본적 기준이 될 것입니다.

'이왕 하는 것 제대로 하자.'는 마음은 크고 작은 모든 일에 커다란 영향을 미칩니다. 열정과 매너, 자기 극복과 자기 발전의 기회인 스포츠 골프의 세계로 한 걸음 더 깊이 들어가기 전에, 일단 올바른 골프 용어들을 살펴봅시다.

재미있는 골프 이야기 - ① 골프 용어 바로 알기

 현재 많은 골프 용어들이 일본식 영어, 또는 변종으로 잘못 알려져 있기도 합니다. 규격적으로 명시된 용어와 실제로 쓰이는 용어가 달라, 아마추어 골퍼들의 경우는 크게 혼란스러워하는 경우도 많습니다. 다음은 잘못 사용된 용어들을 바로잡은 것입니다.

티업(×) - 티오프(○)

 경기 시작을 의미하는 말로 많은 사람들이 티업과 티오프를 혼동하지만, '티업(Tee Up)'은 플레이를 위해 공을 티에 올려놓는 것을 뜻하고, 경기시작은 '티오프(Tee Off)'가 맞다.

몰간(×) - 멀리건(○)

 티샷한 볼이 잘못돼 벌타없이 한번 더 치는 것을 뜻하는 말로 '멀리건(Muligan)'이 맞지만, '몰간'으로 잘못 통용되고 있는 경우가 있다.

핸디(×) - 핸디캡(○)

 골프 실력을 나타나는 이 용어도 '핸디캡'을 '핸디'로 일본식으로 줄여 사용되고 있다. "핸디가 얼마냐."가 아닌 "핸디캡이 얼마냐."가 맞는 말이다.

'볼!' (×) - '포어!' (○)

플레이어가 친 공이 앞쪽의 플레이어나 관중이 있는 곳으로 날아갈 염려가 있거나 공에 맞을 위험이 있을 때 전방을 향해 크게 소리내어 경고하는 말이다. 대부분의 아마추어들이 "볼~~!" 이라고 외치지만 본래는 '포어(Fore)' 가 맞는 표현이다.

미들홀, 롱홀, 쇼트홀(×) - 파4홀, 파5홀, 파3홀(○)

파4홀을 보통 '미들홀' 이라고 하는데 이는 일본식 영어다. 롱홀, 숏홀의 영어식 표현은 파3, 파5에 상관없이 '짧아 보이는 홀', 또는 '길어 보이는 홀'을 통칭하는 것으로 파3홀, 파4홀, 파5홀 식으로 표현해야 한다.

싱글(×) - 로우핸디캐퍼(○)

핸디캡 1에서 9까지의 실력을 가진 골퍼로 흔히 싱글, 또는 싱글골퍼라고 하는데 이는 영어권 국가에서 통용되지 않는 잘못된 표현이다.

버디 퍼팅(×) - 버디 퍼트(○)

버디, 파, 롱 등 형용사나 명사를 앞에 놓아 퍼트(Putt)를 수

식할 경우 동명사인 퍼팅을 쓰지 않고 퍼트를 쓴다.

라운딩(×) - 라운드(○)

　골프경기를 하는 것을 말하는 '라운드 한다' 도 마찬가지다. 라운드는 '둥근,' '한바퀴' 라는 의미의 형용사이자 '한판', '한 게임' 등의 명사로도 쓰이므로 '라운딩하다' 는 잘못된 표현이다.

양파(×) - 더블 파(○)

　골프장에서 흔히 들리는 '양파' 라는 용어는 규정타인 파의 2배의 타수를 기록했을 때 쓰는 말로 이 경우에는 '더블 파' 라고 해야 올바르다. 요즘은 4오버파, 5오버파라고 흔히 사용된다.

티 그라운드(×) - 티잉 그라운드(○)

　홀에서 첫 번째 샷을 하는 지역을 일반적으로 티 그라운드라고 하지만 공인된 용어는 티잉 그라운드다.

가드 벙커(×) - 그린 사이드 벙커(○)

　우리가 자주 사용하는 크로스 벙커(페어웨이를 가로로 끊는 방향으로 위치하고 있는 벙커)나 가드 벙커는 일본식 용어다.

〈출처 - 골프 저널〉

2. 골프는 상상력의 게임

"골프는 정신의 힘으로 승부하는 스포츠다."라는 말이 있습니다. 실제로 골프만큼 정신의 파워와 상상력이 필요한 스포츠도 드뭅니다. 실제로 처음 골프를 시작한 사람들을 보면, 어떻게 공을 쳐야 할지 막막해 하는 경우가 많습니다. 보아하니 그저 골프채로 공을 띄우기만 하면 될 것 같은데, 그게 그리 간단한 일이 아닙니다. 상상력 없이는 움직임도 경직되기 쉽기 때문입니다. 즉 스윙을 하는 하나의 행동에서 상상력에 따라 수십, 수백 가지의 자세가 나올 수 있는데, 처음 골프를 치는 사람들은 구체적인 자료가 없어 스윙 자세를 상상조차 할 수 없는 것입니다.

게다가 아무리 골프 관련 책이나 신문을 읽어도 무슨 말을 하는지 아리송한 경우도 많습니다. 여기에서도 골프는 상상력이 반드시 필요합니다. 사실 처음에는 골프 용어들도 어렵고 어떤 상황에 어떤 자세를 취해야 하는지도 쉽지 않습니다. 그러나 기본적인 것을 갖추는 것은 그다지 어려운 일만은 아닙니다. 열심히 공부하고 열심히 관전하고, 눈여겨보다 보면 누구나 기초를 마련할 수 있기 때문입니다. 하지만 정작 중요한 것은 그 다음입니다. 머릿속으로 외운 것을 몸으로 실현시키는 과정에는 이보다 더 많은 노력이 필요합니다. 즉 모든 기본기를 다 외운 뒤에는, 용감하게 직접 몸으로 경기에 임해보는 것이 좋습니다. 즉 움직이는 과정 속에서 자신의 자세와 기본기를 통해 더 큰 상상력을 확장시킬 수 있기 때문입니다.

다만 기본적인 규칙이나 에티켓을 무시하고 무작정 필드로 나가는 것은 타인에게 폐를 끼치는 일이 됩니다. 골프에서 금지된 것 중 하나가 타인에게 폐를 끼치는 일이라는 사실을 볼 때, 이는 기본부터 어긋나는 잘못된 시작일 수 있습니다. 즉 용기 있게 필드로 나가기 전에, 가장 기본이 되는 최소한의 매너와 규칙에 대한 상식쯤은 배워둘 필요가 있겠습니다.

하지만 그 같은 규칙만 충분히 익혔다면, 마냥 이론만 파고 있기보다는 실력에 대한 부끄러움, 타인의 평가 따위는 잊고 멀리 공을 날려봅시다. 그리고 무럭무럭 성장하게 될 날을 상상해야 합니다.

단시간 내에 실력이 늘지 않는다고 조바심을 내는 대신, 멀리 바라보고 끊임없이 필드 위의 꿈을 키워가는 자기 격려가 중요하다는 뜻입니다.

전설적인 배우이자 해학가인 윌 로저스는 "나무 꼭대기로 올라가라. 위험한 그 꼭대기야말로 잘 익은 과일이 주렁주렁 달린 곳이다."라고 말했습니다. 필드 저 끝에 한껏 성장한 또 하나의 내가 기다리고 있다는 생각을 가지는 것, 그것이 바로 또 하나의 힘입니다. 스트로크, 즉 공을 날려 목표에 떨어뜨리는 데서 오는 기쁨! 그것이야말로 골프의 상상력, 골프의 매력이라고 할 수 있습니다.

3. 골프는 90%가 연습과 자신감, 10%만이 기술

골프 스윙에서 골프 샷 하나하나는 골퍼 자신이 땀흘려 연습한 결과물이라고 할 수 있습니다. 그래서인지 많은 골퍼들이 좋은 샷을 만들어내려고 서두르게 됩니다. 하지만 좋은 골퍼가 되기 위한 기본은 연습과 자신감입니다. 기술은 바로 이 자신감과 연습이 성실히 수행될 때 따라오는 자연스러운 결과일 뿐입니다.

많은 골퍼들이 조금이라도 공이 잘나가면 성급하게 곧바로 코스를 찾으려 합니다. 하지만, 여기서 잠깐 야구를 봅시다. 유명한 프로선수들은 어김없이 하루에 그 무거운 방망이를 몇 백, 몇 천 번씩 휘두릅니다. 심지어 이 때문에 어깨가 빠지고 근육에 상처를 입을 정도입니다. 그리고 골프도 야구만큼, 또는 그 이상으로 스윙이 중요한 경기입니다. 그런데 그 스윙 연습을 소홀히 하고, 어떤 운으로 따라왔을지 모르는 우연적인 굿 샷에 기대는 것은 불합리한 행동입니다. 게다가 충분한 자신감은 충분한 연습에서 온다는 점에서, 연습을 게을리 하는 것은 자신감을 손상시키는 일입니다.

필드에서 좋은 샷은 아래와 같은 조건에 의해 이루어집니다.

첫째, 정확한 기술과 노력
둘째, 강한 정신력과 자신감
셋째, 골퍼의 성격과 개성
넷째, 골퍼의 건강과 식습관
다섯째, 골프장의 특수 환경과 기후변화

연습을 할 때 중요한 것은 바로 기초입니다. 실제로 일부 골퍼들은 시작한 지 얼마 안 돼 훌륭한 플레이어가 됩니다. 이들은 남들은 소홀히 여기는 가장 기본부터 탄탄히 다지고 넘어간 경우가 많습니다. 무조건적인 연습보다는 체계 있게 연습을 하는 것이 중요하다는 뜻입니다.

체계 있는 연습을 위해 가장 중요한 것은 좋은 책을 통해 이론을 익히고, 전문가에게 배우는 것, 그리고 쉬지 않고 연습하는 것입니다. 그러다 보면 어느 날부터인가 '이 스윙이 내 스윙이다!' 라고 느껴질 날이 올 것입니다. 이렇게만 할 수 있다면 골프는 내 편이 됩니다.

그러나 또 한 가지 염두에 둬야 할 부분이 있습니다. 사실 기술이라는 건 터득할수록 끝이 없습니다. 그리고 아마추어일수록 기술이 아닌 자신감의 문제인 경우가 많습니다. 예를 들어 골프를 배운 지 2~3년쯤 되어 기술에서 별 차이가 없어진다면 자신감이 승부를 가르는 중요한 변수가 되곤합니다.

결론적으로 경기에 임할 때의 자신감을 쉽게 만들 수 있는 게 아닙니다. 즉 부족한 부분을 개선하고 컨트롤할 수 있어야 '진정한 골퍼' 가 될 수 있다는 뜻입니다. 지금부터 이상적인 골퍼의 성격을 보도록 합시다.

첫째, 정확한 목표를 향해 계획을 세워야 합니다.

샷이 불안정한 이유는 대부분 목표의식이 희박할 때 생겨납니다. 공을 치는 데만 신경 쓰느라 이 공을 어디로 보낼지를 잊는 것입니다. 하지만 확실한 목표 지점이 머릿속에 각인되지 않으면 몸의 근육 신경도 느슨해집니다. 골프에서도 다른 많은 것들처럼, 공을 보낼 지점에 대한 명확한 위치를 상상하고, 어떤 지점에 대한 영상을 눈에 담는 일이 필요합니다. 바로 이 같은 시각적인 목표가 있어야 확률도 높아지는 것입니다. 이는 특정 게임 하나에만 해당하는 것이 아니라, 훌륭한 골퍼가 되고자 하는 모든 이들에게 해당되는 이야기입니다.

하나, 정확한 목표 지점을 잡고, 둘, 이를 머릿속으로 그려낼 줄 알아야 하며, 셋은, 그것을 집중해서 온몸으로 샷을 해야 합니다.

둘째, 언제나 '이것이 첫 샷'이라고 생각해야 합니다.

아무리 잘하는 사람도 매번 샷을 성공시키기는 힘듭니다. 또 실수는 실점뿐만 아니라, 배워야 할 이점까지도 가르쳐준다는 점에서 경기에서 빠질 수 없는 요소입니다. 따라서 실수를 했더라도 뒤를 돌아보는 대신 다음 샷을 집중할 수 있어야 합니다. 매순간 긍정적인 마음을 잃지 않는 것입니다.

셋째, 모든 돌발 상황에 담대하게 반응해야 합니다.

골프 경기에서는 자칫 집중이 흐트러질 수도 있습니다. 하지만 마음을 흐트러뜨리려는 어떤 것에도 흔들리지 않는 뚝심이 필요합니다. 실제로 골프도 다른 많은 스포츠들과 마찬가지로 예상치 못한 상황과 사건들이 무수하게 벌어집니다. 아무리 규칙이라는 것이 있어도 그 규칙 안에서만 일이 벌어지는 것이 아닙니다.

따라서 경기 중에는 상황에 유연해질 필요가 있습니다. 돌발 상황이 벌어졌을 때 재빠르게 판단과 결론을 짓고 이를 행동으로 신속히 마무리함으로써 마음을 편하게 해야 합니다.

즉 언제 어디서나 침착하게 샷을 할 수 있도록 대범해지거나, 아니면 어떤 공격에도 무심하게 반응하는 '절제의 마음'을 갖거나, 두 가지 중 하나를 택할 수밖에 없습니다.

재미있는 골프 이야기 - ② 골프는 성공과 직결된다!

"라운드하며 즐겁지 않았던 상대하고는 적어도 20년간 함께 사업할 생각을 하지 말라!"

이는 많은 경영자 골퍼들이 한결같이 입을 모아 말하는 것입니다. 국내 골프 인구가 300만 명을 넘어가는 가운데, 현재 많은 아마추어 골퍼들이 '비즈니스'를 목적으로 라운드를 하고 있습니다. 이와 관련해, 미국 프리랜서인 제니 혼츠가 골프를 하면서 상대에게 좋은 인상을 남기는 방법에 대해 전문경영인과 캐디 등 골프 전문가들이 공통적으로 지적하는 사항들을 한 신문에 기고한 바 있습니다. 혼츠가 주장하는 것은 '코스에서의 움직임을 통해 어떤 골퍼인지가 평가되고, 또 압박을 받는 상태에서 어떻게 문제를 해결해 나가는지, 그리고 어떻게 변화를 조절하는지'를 한눈에 확인할 수 있기에 주의가 필요하다는 것입니다.

다음은 전문가들이 충고하는 '필드 8계명' 입니다. 반드시 숙지하도록 합시다.

① 조금이라도 레슨 받고 필드에 나가라.

② 늘 제 시간에 도착하라.

③ 어떤 복장 규정이 있는지 물어보고 따르라.

④ 스윙하는 플레이어의 후방 등 사각지대에 있지 말고 얼굴을 마주하라.

⑤ 타인이 스윙하는 동안 침묵하라.

⑥ 인내심을 가져라. 결코 앞의 팀을 향해 볼을 날리지 말라.

⑦ 실수했다면 유머 감각을 발휘하고, 화를 내거나 토라지지 마라.

⑧ 그리고 룰을 숙지하라.

혼츠는 "골프장에서 행동을 통해 골프장 밖에서의 행동거지를 추론할 수 있으며, 캐디나 동반자에게 대하는 방법을 통해 그들이 어떻게 종업원이나 동료를 대하는지 쉽게 알 수 있다."고 말했습니다. 즉 필드에 오르면 그 사람의 경영 스타일이 낱낱이 드러난다는 점에서 골프는 즐거운 게임 이전에 '무서운 게임'일 수도 있는 것입니다. 그런 면에서 "중요한 사람을 만나게 된다면, 그 사람과 골프를 쳐보라."는 전문가들의 충고는 충분한 일리를 가집니다.

〈참조 - 일간스포츠〉

4. 골프와 이미지 파워

　어떤 경기들을 통해 세계 유명 프로 선수들의 플레이를 보고 돌아와서 경기에 임하면, 실력이 부쩍 늘어 있는 경우가 있습니다. 즉 나도 모르게 그 프로의 샷을 흉내 내고 있는 것입니다. 일단 눈으로 본 것을 머릿속에서 따라하고 그것이 하나의 선명한 그림처럼 기억되는 셈입니다. 이를테면 농구선수가 되고 싶어 하는 아이들이 마이클 조던이나, 샤킬 오닐 같은 선수들의 사진을 방 안에 붙여 놓고 그들의 플레이에 열광하는 것과 비슷합니다. 이것이 바로 이미지 파워 효과입니다.
　하지만 이미지는 한계가 있습니다. 우리의 이미지 기억은 일정한 한계가 있어 머리에 담았다가 시간이 흐르면서 차차 흐려집니다. 여기서 이 한계를 극복하는 방법은 바로 그것을 구체적인 이미지로 만들어 각인시키는 것입니다. 예를 들어 자주 영화를 보고, 좋아하는 프로의 멋진 스윙 사진을 보는 것도 좋은 방법입니다. 그리고 커다란 거울 앞에서 그 스윙을 흉내 내고 연습하는 것입니다. 이것이 바로 이미지 파워를 강화시키는 방법들입니다.

  그리고 이렇게 연습을 거듭하다 보면, 스윙의 자세가 머릿속에 확실히 남고, 내 몸과 동화된다는 느낌이 옵니다. 이것이 내 몸 안에 확실히 자리 잡기만 하면 일반 경기 때도 얼마든지 이 스윙 자세를 내 잠재의식 속에서 꺼내 쓸 수 있게 되는 것입니다. 다만 그렇게 하기까지는 상당히 긴 시간의 연습이 필요합니다. 즉 우리의 몸과 마음이 이를 잊지 않고 습관처럼 기억하게 하기 위해서는 무한한 반복이 필요한 것입니다. 공부 잘하는 아이들은 공부를 습관처럼 하고, 춤을 잘 추는 아이들은 춤을 습관처럼 즐깁니다. 골프도 이 같은 몰두와 습관이 필요합니다. 내 근육이 새로이 움직이고 그 스윙을 내 일부로 받아들일 때까지 충분한 시간을 마련해주어야 한다는 것입니다.

5. 골프채로 볼을 친다고 모두 골퍼는 아니다

골프는 매너를 가장 중요시 하는 스포츠입니다. 그런데 이 매너가 꼭 라운드 할 때만 해당되는 게 아닙니다. 비용계산 할 때도 마찬가지로 매너는 아주 중요합니다. 골프장에 가서 특별한 약속이 없는 한 대부분은 '더치 페이'가 무난합니다. 아무리 내가 회원이라도 나만 덜 내겠다고 하는 것은 부적절하므로, 비 회원과 똑같이 나눠서 내는 것이 좋습니다. 이때 비회원은 반드시 고맙다는 인사를 해야 합니다.

하지만 특별히 스폰서가 있는 경우에는 사전에 명확한 설명을 하는 것이 좋습니다. "어떤 이유로 이번에는 내가 비용을 부담하겠다."는 사실을 초대 때부터 밝히는 것입니다. 그래야 상대방의 마음도 편합니다.

얼마 전 기업에 근무하는 친구로부터 재미있는 이야기를 들었습니다. 골프 접대를 받는 부서에만 근무하다가 이제는 접대를 해야 하는 부서로 옮겨왔는데 속이 뒤집어진다는 것입니다. 상대방 비위를 맞추면서 동시에 내 점수 관리도 해야 하는데, 내 점수뿐만 아니라 상대방 점수까지 신경 써야 하니 도무지 볼이 맞지 않는다는 것입니다. 게다가 상대방이 도도한 태도를 보이니까 이제는 골프를 하는 것조차 싫어지더라고 했습니다. 그런데 가만히 생각해보면, 그 도도한 태도는 그 친구의 과거 모습이었는지도 모르지요.

권투, 태권도, 유도, 사격 등은 혼자서 하는 스포츠입니다. 반면 축구, 야구, 농구, 배구 등은 단체로 하는 스포츠입니다. 더 나아가 골프는 상대방과 몇 시간씩이나 담소를 나누고 칭찬, 격려, 위로를 하며 진행하는 이른바 교류형 스포츠입니다. 따라서 목석같거나 이기적인 사람들보다는 인간관계지능이 뛰어난 사람들이 이 경기에 탁월한 실력을 보이고, 반대로 골프를 하다보면 저절로 그런 인간관계지능이 향상되게 됩니다.

예로 한 사람의 이력서를 보면 입학과 졸업, 자격증 취득, 각종 경력 등이 기간별로 기록되어 있습니다. 즉 그 이력서를 보면 어느 정도 그 사람을 이해할 수 있습니다. 그러나 막상 그들과 이야기를 해보면 몇 년도에 무엇을 했느냐보다는, 누구를 만나 어떤 영향을 받았느냐가 삶에 더 큰 전환점이 되었음을 알게 됩니다. 그만큼 골프는 사람과의 관계를 가장 가깝게 하는 스포츠임이 틀림없습니다.

제 2 장

필드에서 따라하는 골프 매너

I. 즐거운 골프를 위해

어느 설문 기관에서 골프를 하는 이유에 대해 **설문조사 결과 여러 응답이 나왔습니다.** 이를테면 친구가 권해서, 운동이 되니까, 인간관계에 도움이 되므로, 사업상 접대 등등이었습니다.

하지만 이 모든 이유를 떠나 재미있는 플레이는 기억에 오래 남습니다. 같이 친 사람들이 좋았다던가, 주변 경관이 좋고 잔디가 좋고 직원들이 친절했고, 좋은 코스를 발견했다던가, 작은 내기로 제법 짜릿한 긴장감을 누렸다던가, 등등의 이야기 꽃이 피어나게 됩니다. 그리고 이 같은 인상깊은 기억들이야말로 골프가 즐거운 게임이라는 것을 증명해주는 가장 좋은 예가 아닐까 싶습니다. 그렇다면 골프를 즐겁게 하려면 어떤 마음가짐, 어떤 준비가 필요할까요? 다음 2가지는 가장 기본 되는 것들로, 단순히 문장 그대로가 아니라 좀더 깊이 생각해봐야 할 문제들입니다.

첫째, 자신의 위치를 파악해 경기에 임합니다.

내 실력을 알고 그에 맞는 목표를 잘 설정하는 것은 경기의 질을 높이 끌어올리기 위한 필수조건입니다. 이를테면 아마추어 수준에서 머무를 것인가? 아니면 좀 더 실력 있는 플레이어, 더 나아가 프로 수준으로 올라설 것인가? 이 같은 목표 설정이 없이는 실력도 늘지 않을뿐더러 각자의 실력에 맞는 게임을 택해 즐길 수 있는 기회도 줄어듭니다. 즉 자신의 실력을 알고, 그에 맞는 여건들을 택할 수 있는 정확한 판단력이 있어야 합니다.

둘째, 기본적인 매너들은 반드시 익힙니다.

매너는 어디에서나 필요한 것입니다. 심지어 밥을 먹고 옷을 입을 때도 매너라는 게 있습니다. 게다가 스포츠는 기본적으로 매너와 규칙이 중요합니다. 골프 매너들은 그냥 보고 듣는다고 해서 몸에 익는 것이 아닙니다. 많은 책을 읽고 다른 경기들을 유심히 보면서 따로 익히려는 노력들이 필요합니다. 이 책에서는 부록 부분에 골프 매너에 대한 자세한 사항이 기재되어 있으니, 반드시 참조해야 합니다.

골프에서 매너가 중요한 또 다른 이유는, 골프 자체가 매너의 게임이기 때문입니다. 골프는 빠른 스피드나 스코어가 중심인 다른 경기와는 달리 순차적인 진행과 인간적 교류가 중심이 되는 게임인 만큼, 그 경기의 수준 또한 매너를 통해 결정됩니다. 볼을 칠 때 스윙의 안전을 확인하는 것, 볼을 찾을 때 규정된 시간을 지키는 것, 벙커를 손상시켰을 때는 반드시 복구하는 것 등, 이 모든 규칙들은 경기의 안전뿐만 아니라, 보다 훌륭한 경기를 완성시키는 또 하나의 조건이 됩니다.

즐거운 골프는 즐거운 분위기와 마음가짐에서 이루어집니다. 하지만 무엇보다도 즐거운 골프에 필요한 것은 좋은 사람들, 좋은 분위기입니다. 참고로 해외를 가보면 우리 교포들이 골프 동호회를 많이 운영하고 있습니다. 어느 지역에는 내장객 절반이 한인인 골프장도 있습니다.

골프 동호회는 좋은 동반자를 만나 플레이를 할 수 있는 곳이므로 큰 기쁨을 줄 뿐 아니라, 실력 향상에도 도움이 됩니다. 그러나 구더기 무서워 장 못 담그면 안 되겠지만, 여기서는 순기능만큼이나 역기능도 조심해야 합니다. 사람이 많이 모이는 자리인 만큼, 좋지 않은 소문을 일으키는 이들은 과감히 퇴출시키고 투명한 운영이 필요하다는 뜻입니다. 앞으로 기쁨은 배가 되고 늘 즐거운 라운드를 기대할 수 있는 좋은 동호회들이 많아지기를 기대해 봅니다.

2. 골프를 잘하기 위한 방법

어떤 일에서든 프로가 되려면 힘든 과정을 거쳐야 합니다. 실력이라는 것은 사실 부단한 연습에서 비롯됩니다. 따라서 그 최종 고지로 가는 과정의 어떤 일부도 생략해서는 안 됩니다. 어떻게 보면 지루하고 지나치게 원칙적이라는 생각이 들지도 모릅니다. 하지만 과정을 생략하면 언젠가는 그 부족 부분을 반드시 채워야 할 날이 옵니다. 다소 힘들더라도 기본부터 시작하려는 마음가짐이 바로 프로의 마음가짐입니다. 다음은 골프를 잘 하기 위해 반드시 필요한 과정들을 정리한 것입니다. 나는 이 중 어느 부분을 잘했나, 또는 소홀히 했나 점검해보시기 바랍니다.

① 전문 교육을 받는다. - 가장 좋은 방법은 레슨 프로에게 교습을 받는 것입니다.

② 자신의 조건에 맞는 클럽을 사용해야 합니다. - 가격과 유행, 브랜드에 연연하지 말고 전문가로부터 무게와 FLEX를 측정 받아 구입합니다.

③ 프로선수의 스윙을 익힙니다. - 이를테면 존 델리, 비제이 싱, 타이거 우즈, 김미현 등의 스윙을 연구하고 내게 맞춰 벤치마킹합니다.

④ 골프에 대한 이론을 마스터해야 합니다. - 실전에 앞서 기초, 기본 룰 등을 공부해야 합니다.

⑤ 전문가를 통해 자신의 스윙을 체크해야 합니다. - 슬라이스, 훅의 원인과 해결법을 확인해야 합니다.

⑥ 비디오나 TV 골프 채널을 자주 시청합니다. - 다른 사람의 플레이를 유념해서 보는 것만큼 좋은 연습도 없습니다.

⑦ 연습을 자주 해야 합니다. - 연습장에 등록하여 매일 스윙을 길들여야 합니다. 무엇보다 퍼팅 연습이 가장 중요합니다.

⑧ 처음 경기에 임할 때가 중요합니다. - 특히 처음부터 매너를 익혀야 본 경기 때 당황하는 일이 줄어듭니다. 골프는 남을 배려하는 것이 중요한 경기임을 기억해야 합니다.

⑨ 코스마다 사전 연구를 해야 합니다. - 인터넷에 들어가면 골프장마다 레이아웃과 코스 공략법이 나와 있는데 작전을 미리 세워 보면 스코어가 달라집니다.

⑩ 골프공도 연구의 대상입니다. - 거리, 컨트롤 방법, 느낌 등을 익혀야 합니다.

⑪ 바람을 이겨내야 합니다. - 한두 클럽은 과감히 가감해야 합니다.

⑫ 실력이 뛰어난 동료와 플레이해야 합니다. - 그래야만 내 실력도 더 크게 향상됩니다.

⑬ 약간의 내기골프는 하되, 무리한 도박은 하지 말아야 합니다. - 큰 내기를 하게 되면 힘이 들어가게 되며, 따라서 무리한 샷을 하게 됩니다. 물론 약간의 내기는 긴장감을 더해줘 짜릿한 기분을 주고 더불어 무리한 샷을 방지하므로 좋은 효과를 냅니다.

사실 이 모두를 잘 지켜도 완벽한 골프를 하기는 쉽지 않습니다. 언제 어떻게 바뀔지 모르는 상황, 정신적인 불안, 돌발상황 등 우리를 막아서는 장애물들이 너무나 많습니다. 옛날 사람들은 "천재와 바보는 종이 한 장 차이"라고 말한 바 있습니다. 즉 필드 위에 펼쳐진 수많은 장애물들을 넘어서야 하는 당신의 굿 샷, 또는 배드 샷 모두가 우리 생각과 마음가짐에 달려 있습니다.

좋은 골프를 하기 위해서는 무엇보다도 물리적인 측면과 정신적인 측면 모두를 고려해야 합니다. 물리적 측면이란, 확실한 기본자세와 동작, 잘 갖춰진 바른 스윙 자세 등입니다. 정신적인 측면이란, 그 바른 동작의 효과를 최대로 끌어올릴 수 있는 마음의 능력입니다. 그리고 이 2가지가 조화롭게 갖춰져야만 우리의 실력도 한계점까지 끌어올릴 수 있습니다.

사실 우리는 골프를 배우고 연습할 때, 물리적인 연습에만 치중

하는 경우가 있습니다. 매일같이 스윙을 하면서도 그 스윙 안에서 발휘할 수 있는 정신적 힘은 고려하지 않습니다. 하지만 결정적인 순간에는 정신적인 측면이 큰 힘을 발휘하는 경우가 많습니다. 실제로 엉성한 스윙으로도 멋진 샷을 날리는 골퍼들, 느릿느릿 답답해 보이면서도 좋은 득점을 얻는 사람들이 있습니다. 그들은 바로 실력은 다소 떨어지지만 정신적인 힘으로 물리적인 부족 부분을 메워간 사람들입니다. 반대로 훌륭한 스윙으로도 형편없는 샷을 날리는 경우도 많습니다. 그들은 좋은 물리적 실력을 가지고도 정신적 힘으로 돌발 상황을 얻지 못한 셈입니다. 어떤 난관에도 흔들리지 않는 진정한 골퍼가 되기 위해서는, 연습부터 실전까지 정신적 힘과 물리적 실력의 결합을 위해 꾸준히 노력해야 하는 것입니다.

재미있는 골프 이야기 - ③ 꼭 알아두어야 할 골프 명언들

명언은 언제 어디서나 우리에게 도움을 줍니다. 마음의 안정은 물론, 앞으로 나아가야 할 길을 심사숙고하게 만들기 때문입니다. 다음의 골프 명언들은 골프를 잘 하고자 하는 분들, 더 나아가 골프를 통해 삶을 배우고자 하는 모든 이들에게 중요합니다. 이것을 읽는 것만으로도 한수 위의 골퍼가 될 수가 있습니다. 깊이 새겨보면 플레이는 물론, 골프를 삶과 접목하는 데 도움이 될 것입니다.

인 생 편

- 골프는 용사처럼 플레이하고 신사처럼 행동하는 게임이다. [데이비드 로버트 포건]
- 바람은 훌륭한 교사다. 바람은 그 골퍼의 장점과 단점을 극명하게 보여준다. [해리 바든]
- 골프는 아침에 자신을 얻었다고 생각하면 저녁에는 자신을 잃게 하는 게임이다. [해리 바든]
- 긴 눈으로 보면 결국 운이란 평등하고 공평한 것이다 [보비 존슨]
- 장타치기를 단념했다면, 그것으로 인생도 끝장이다. [나카무라도라키치]
- 골프가 어려운 건, 정지한 볼을 앞에 두고 어떻게 칠 것인가 생각하는 시간이 너무 길다는 데 있다. [아치 호바네시안]

- 골프에 있어 용기와 만용은 크게 다르다. 용기 있는 샷은 결과야 어떻든 그 자체로 보수가 따른다. [아널드 파머]
- 골프는 어느 정도의 기품이 없으면 게임이 되지 않는다. [윌리 파크]
- 골퍼의 스타일이 좋고 나쁘고는 골프를 시작한 최초의 1주일 안에 만들어진다. [해리 버든]
- 골프에 심판은 없다. 플레이어 스스로 심판이 되어 재결하고 처리해야 한다. [호레이스 해친슨]
- 벙커샷에서 중요한 것은 작은 기술을 외우는 것보다, 그것을 실행하는 용기이다. [진 사라젠]
- 당신 자신 이상으로 당신의 스윙을 잘 아는 사람은 없다. [더그 포드]
- 골프 실력 향상에 머리가 좋고 나쁜 것은 관계없다. 솔직하고 열심인 것이 첫째다. [진 청패]
- 1m의 퍼팅은 미스하기에 충분한 거리며, 미스하면 불명예스러운 거리이기도 하다. [필립 몽크리프]
- 노여움을 컨트롤하는 방법은, 마음 놓고 크게 웃는 것이다. [아치 오바네시앤]
- 위대한 플레이어도 여러 차례 패하는 것이 골프이다. [게리 플레이어]
- 항상 자기의 한계를 고려해 명인들의 어드바이스를 들어라. [캐리 미들코프]
- 플레이어는 결과 대신 원인을 보고 생각해야 한다. [벤 호건]
- 스코어를 속이지 않는 사람을 칭찬하는 것은, 은행 강도를 하지 않았다고 칭찬하는 것과 같다. [보비 존스]
- 강하게 치려고 하지 말라. 정확하게 칠 것에만 집중하라. [폴 레니엔]
- 자그마한 허영심이 게임을 무너뜨린다. [아널드 파머]

- 쇼트 게임을 잘하는 자는 롱 게임을 잘하는 자를 이긴다. [보비 존스]
- 자신 넘치는 자기류는, 확신 없는 정통류를 이긴다. [아널드 파머]
- 미스 샷에 대한 변명은 당신의 동료뿐 아니라 본인까지도 불행하게 만든다. [벤 호건]
- 오늘의 큰 샷은 내일이면 사라진다. 누구도 그것을 붙잡아 둘 수 없다. [보비 존스]
- 오픈 경기에서 위기가 닥치는 것은 대개 제 3라운드 때다. [해럴드 힐튼]
- 어떤 라운드에도 나중에 생각하면 최소 1타쯤 절약할 수 있었다고 생각되는 스트로크가 있게 마련이다. [보비 존스]
- 멋진 쇼트게임은 상대의 신경을 교란하고 용기를 상실케 한다. [케리 미들코프]
- 한 번의 굿 샷, 한 번의 좋은 라운드는 대단치 않다. 72홀 내내 그것이 나와야 된다. [벤 호건]
- 진짜 굿 샷이란 최대의 위기 때 나오는 좋은 샷을 말한다. [바이런 넬슨]
- 정신집중이란 한 목적을 완전수행하기 위하여 플레이 중 끊임없이 자기 자신을 감시하는 것을 말한다. [레스리 숀]
- 골프에서 방심이 생기는 위험한 순간은, 바로 만사가 순조롭게 진행될 때다. [진 사라센]
- 골퍼들에게 가장 적합하지 않는 기질은 시인적인 기질이다. [버너드 다윈]
- 골프는 플레이어, 상대 및 코스와의 사이에서 행해지는 삼각 게임이며 플레이어의 최대의 적은 코스도 상대도 아닌, 바로 플레이어 자신이다. [톰 심프슨]
- 6일간 하루 10분씩 퍼팅 연습을 하는 쪽이 1주일간 한꺼번에 60분 연습하는 쪽보다 더 빠르게 향상된다. [레스리 숀]
- 골퍼의 목적은 사람을 놀라게 하는 샷이 아닌, 미스를 착실하게 줄이는 데 있어야 한다. [J.H.테일러]

- 옛날 골퍼들은 몇 개 안되는 클럽으로 여러 가지 많은 스윙을 했지만, 현대의 골퍼들은 많은 클럽으로 똑같은 스윙을 한다. [버너드 다윈]
- 프로들이 이론에 중점을 두지 않는 까닭은 그들이 이론의 도움을 필요로 하지 않아서가 아니다. [버너드 다윈]
- 즐기는 것이 바로 이기는 조건이다. [헤일 어윈]

실 전 편

- 경직되면 우선 그립과 걸음걸이에 나타난다. [보비 로크]
- 초보자가 몸을 충분히 꼬지 않는 것은, 몸을 꼴수록 볼에서 멀어진다는 공포심 때문이다. [찰스무어]
- 할미꽃을 쳐내는 것처럼 쳐라. [제임스 워더래드]
- 리드미컬하게, 마치 댄스의 스텝을 밟듯 어드레스하라. [줄리어스 보로스]
- 백스윙을 귀에 앉은 파리라도 잡을 듯 성급하게 휘둘러 올리지 마라. [월터 심프슨]
- 볼에 너무 가까이 서도, 너무 멀리 서도, 몸 동작은 나빠진다. [벤 호건]
- 자신이 있으면 긴장된 상태에서도 편안할 수 있다. [보비 클럼페트]
- 베스트를 다하여 샷 하라. 결과가 좋으면 좋고, 나쁘면 잊으라. [월터 헤건]
- 여성이라고 해서 여성답게 샷을 해서는 안 된다. [낸시 로페즈]
- 로스트볼을 했다고 불평이나 잔소리를 하지 말라. 로스트 볼도 게임의 한 요소이다. [찰스 맥도널드]
- 백스윙에서 체중이 오른쪽으로 옮겨가는 것은, 어깨와 허리가 오른쪽으로 회전하기 때문이며, 어깨와 허리가 오른쪽으로 이동하기 때문은 아니다. [딕 메에]

- 머리는 스윙 균형의 중심이다. 머리가 움직이면 균형, 스윙의 아크, 몸의 동작, 타이밍까지 바뀐다. [맥그라우티]
- 클럽헤드를 가속시킨다는 기분으로 높은 피니시를 취하라. [잭 니클로스]
- 골프는 볼을 구멍에 넣는 게임이다. 골프백 속에서 볼을 구멍에 넣는 도구는 퍼터뿐이다. 그 퍼터 연습을 왜 처음부터 하지 않는가. [잭 버크]
- 그린에 가까이 갈수록 로프트가 적은 클럽으로 공격하라. [연덕춘]
- '슬로우, 슬로우 퀵'의 템포로 클럽을 휘둘러라. 미스 샷은 줄고 비거리는 늘 것이다. [알 게이버거]
- 홀컵은 항상 생각하는 것보다 멀다. 어프로치라면 1야드, 퍼팅이라면 1피트만큼 멀리 있다는 것을 잊지 말라. [찰스 베일리]
- 누가 뭐라고 해도 자기 자신, 클럽, 그리고 볼 수 있는 그것만이 존재한다. [톰 왓슨]
- 그립은 골퍼의 재산이다. [캐리 미들고프]
- 백스윙이 완전히 끝날 때까지는 다운스윙을 시작하지 말라. [바이런 넬슨]
- 쇼트 퍼팅라는 것은 롱 퍼트와 마찬가지로 아주 쉽게 실패한다. [톰 모리스]
- 모든 운동에서 어느 물건을 친다는 것은 폴로스루가 있어야만 힘을 낼 수 있다. [빌 컴벨]
- 오른쪽 무릎을 백스윙 때 어드레스 때처럼 펴지 않고 돌리지 않아야만 강타가 가능하다. [치치 로드리게스]
- 비오는 날에는 볼을 쓸 듯이 스윙해야 미스가 적다. [잭 니클로스]
- 대개의 골퍼들은 파워가 커다란 백스윙에서 생긴다고 착각한다. [잭 니클로스]
- 대개의 골퍼들은 골프를 플레이하는 것은 알면서, 코스를 플레이하는 것은 잊는다. [토미 아머]

- 골퍼에 대한 가장 명예스러운 칭찬은 "그는 모든 종류의 샷을 알고 있다."라는 것이다. [해리 바튼]
- 서툰 골퍼는 우선 해저드에서 1타로 리커버리하기 위한 샷을 치고, 능숙한 골퍼는 해저드에서 어떻게든 빠져나올 샷을 친다. [잭 버크]
- 어프로치 샷은 물이 들어있는 물통을 휘두르듯 연습하라. [아널드 파머]
- 골퍼의 연습에는 4종류가 있다. 마구잡이로 연습하는 것, 현명하게 연습하는 것, 어리석게 연습하는 것, 그리고 전혀 연습하지 않는 것 등이다. [버너드 다윈]
- 1개의 퍼터를 평생 쓴다는 것은 매우 어려운 일이다. 아내에 대한 것 이상의 애정과 신뢰 없이는 불가능하다. [핸리 코튼]
- 어떤 바보도 두 번째 퍼팅은 넣을 수 있다. [스코틀랜드 속언]
- 퍼팅의 실력은 1발에 넣는 게 아니라 10발을 쳐서 몇 개를 넣느냐로 결정된다. [우리터 헤겐]
- 퍼팅라인 읽기는 항상 제일감, 즉 최초의 판단이 가장 정확하다. 그것을 수정하면 대개 라인을 벗어난다. [조지 덩컨]
- 귀로 퍼팅하라. [잭 화이턴]
- 퍼팅에는 메서드도 스타일도 없다. [스코틀랜드 속담]
- 퍼팅의 미스는 판단 착오가 아닌 타법의 잘못으로 생기는 경우가 대부분이다. [잭 버크]
- 골프라는 불가사의한 게임에서, 가장 불가사의한 것은 바로 퍼팅이다. [보비 존스]
- 초보자의 큰 결점은 좋아하는 샷만을 연습하고 싫어하는 샷을 연습하지 않는다는 데 있다. [버너드 다윈]
- 어느 클럽을 쓸지 망설여질 경우, 큰 쪽을 택해 편하게 쳐라. [헨리 피커드]

- 친 백(chin back)을 하면 즉, 턱을 오른쪽으로 돌리면 클럽헤드의 궤도를 읽을 수 있다. [잭 크라우트]
- 아무리 세월이 흘러도 스트로크의 중대한 가치를 알려고 하지 않는 골퍼가 있다. [게리 플레이어]
- 연습장은 기술을 닦는 곳, 코스는 스코어를 내는 방법을 배우는 곳이다. [진 리틀러]
- 숲 속에서 볼을 낮게 멀리 굴려내는 데 보통 롱 아이언을 쓰지만, 우드가 의외로 좋을 때가 있다. [지미 디말레]

3. 내기 골프의 에티켓

　모든 게임에는 내기라는 게 있습니다. 내기는 지루하게 느껴지는 게임에 활력을 불어넣고 참가자들의 적극적인 태도를 이끌어 냅니다. 사실 얼마짜리 내기인가는 큰 의미가 없습니다. 즉 재미와 긴장감이 중요하지 내기에 걸린 돈의 많고 적음은 별 문제가 아니라는 의미입니다.

　골프 비즈니스에서 내기는 상당한 긴장감을 유발시킵니다. 즉 큰 액수의 내기를 좋아하는 사람은, 긴장 상태에서도 자신의 능력을 충분히 발휘할 수 있는 사람에 속합니다. 사실 많은 골퍼들이 끊임없는 경쟁심을 위해 내기를 겁니다. 물론 어느 정도의 돈을 어떻게 걸어야 하는가 하는 질문에 명백한 답은 없지만, 다음 이야기들을 살펴보면 대강의 윤곽을 알 수 있으리라 생각됩니다.

1. 내기는 적은 돈으로

먼저 내기는 친근한 분위기에서 적은 돈을 걸고 하는 것이 좋습니다. 그러면 당신은 내기 골프를 치면서도 비즈니스를 할 수 있습니다.

2. 존중하는 플레이를 할 것

내기를 하기 전에 모든 참가자의 핸디캡을 숙지하고 있어야 합니다. 또한 분명히 해둬야 할 또 하나가 있습니다. 골프에서 내기를 하는 목적은 오로지 즐거움을 더하려는 것이라는 사실을 함께 공유하는 일입니다.

3. 지불은 곧바로 할 것

패배하고 난 뒤에는 18번 홀을 마친 후 함께 음료수를 마시며 곧바로 돈을 지불해야 합니다. 그것이 깔끔합니다.

4. 이긴 사람이 음료수를 살 것

이익을 위한 내기가 아닌 만큼 돈만 가지고 돌아서는 것은 예의가 아닙니다. 따라서 이겼을 때는 반드시 진 사람에게 음료를 사도록 합니다.

골프는 다른 도박과는 달리 정직한 게임입니다.

내기 골프에서는 삶의 철학도 배웁니다. 만용과 집착을 버리면 성공하고, 반대로 이기려고 들면 패배하기 쉽다는 진리를 깨닫게 됩니다. 사실 승부가 코 앞에 달린 상황에서 마음을 비우는 일은 쉽지 않습니다.

그러나 내기 골프에서는 반드시 명심해야 할 사실이 있습니다. 내기 골프에서는 결코 '굿 샷'이 필요치 않으며, 이기는 것 또한 그다지 중요한 문제가 아니라는 점입니다.

아래의 몇 가지 내기 게임들은 나름대로 모두 다른 특징을 갖고 있습니다. 물론 이는 내기 골프의 속성을 잘 이용해 즐거운 게임을 하기 위한 것일 뿐, 이를 통해 내기 골프에 목숨을 걸라는 이야기는 아님을 전제로 합니다.

① 그리니, 샌디 앤 스네이크

사이드 내기 게임으로 각각 1000원 정도 걸면 적당합니다. 그리니는 파 3홀에서 티샷을 홀에 가장 가까이 붙인 사람에게 돌아가는데, 이때 투 퍼트 이내로 홀 아웃을 해야 합니다. 샌디는 벙커에서 업-앤-다운으로 파보다 낮은 스코어를 기록한 사람이 땁니다. 여기서 스네이크는 쓰리- 퍼트를 한 사람에게 부여되는 벌금입니다. 스네이크가 이 사람, 저 사람 옮겨질 때마다 벌금 액수는 커지며 마지막에 스네이크를 쥔 사람이 다른 이에게 돈을 지불합니다.

② 나씨우

인기 높은 매치 플레이 게임입니다. 개인별이든 팀이든 전반 나인, 후반 나인, 그리고 18홀 전체에서 승부를 가리게 됩니다. 핸디캡에 따라 스코어를 조정하며, 해당 홀에서 가장 낮은 스코어를 낸 사람이 점수를 얻습니다. 매치 중에 2홀을 뒤지면 언제든 프레스를 걸 수 있습니다.

③ 빼먹기

최근 들어 유행하는 내기골프의 한 가지로서, 3명이 1팀일 경우, 개인당 6홀씩 할당해 홀당 1만원, 6만원을 각출하면 18홀, 즉 18만원이 됩니다. 18만원을 캐디나 특정인에게 맡겨 홀 매치 식으로 경기를 진행하고, 홀에서 제일 잘친 사람이 1만원씩 가져가는 게임입니다. 4명의 경우는 4x7=28만원을 걷어서 18홀, 니어, 롱기 하나씩을 하고 나머지 금액은 캐디피로 하는 경우도 있습니다.

④ 스킨스

시작할 때 합의된 액수를 한목에 투자해서, 매 홀마다 가져가는 방법입니다. 비길 경우 상금은 그 다음 홀로 이월되지만, 정하기에 따라 3번 이월만 인정하거나 한 선수가 연속 3번 가져가는 것을 금하는 방법도 있습니다. 그러나 원래 스킨스의 원리는 누적되는 대로 합산해 1홀에 승부를 가려야 재미와 박진감이 있습니다. 이는 거액의 '로또' 상금을 1사람만 주는 서양식 사고와 비슷합니다. 핸디캡을 조정해야 될 사람과 내기할 경우는 덤을 주기 때문에 미리 홀을 지정해 사선에 알려주어야 합니다. 처음 출자한 돈이 바닥나 더 줄 배당금이 없으면 그 홀에서 다시 '자본'을 출자한 후 시작합니다. 정하기에 달렸지만 만약 전 홀에서 가져간 사람이 이번 홀에서 더블 파를 하면, 전 홀에서 가져간 금액을 전부 다시 승자에게 쥐어주는 함정 등을 만들면 더 재미있습니다.

⑤ 라스베가스

　매 홀마다 1번 선수와 4번이 한편이 되고, 2번과 3번이 한조가 되어 승패를 겨루는 게임입니다. 하이는 하이끼리 비교해서 이긴 팀이 가져갑니다. 매 홀마다 파트너가 바뀌므로 적과 동지 개념이 순간순간 달라져, 우정도 없고 원수도 없어 일명 '물 텀벙 술 텀벙' 게임이라고도 부릅니다.

　단, 비겼을 경우는 그 팀 그대로 가되, 상금은 2배로 인상시켜야 재미가 있습니다. 핸디캡 없이 머리만 교체하는 게임이므로 고수가 절대적으로 유리하므로, 하수는 가능한 라스베가스 내기는 피하는 것이 좋습니다.

⑥ 후세인

　국내에 새로 선보여 유행중인 내기 골프입니다. 이라크의 후세인 대통령 이름에서 따온 이 게임은, 후세인으로 지명된 1명의 골퍼와 나머지 3명의 골퍼가 대결하는 경기입니다. 매 홀마다 2위의 스코어를 기록한 골퍼가 후세인이 되는데, 매 홀에서 친 후세인의 스코어를 3으로 곱한 숫자와 나머지 3명의 골퍼의 스코어를 합친 숫자를 비교한 뒤, 후세인이 더 잘 쳤으면 후세인이 돈을 가져가고

못쳤으면 3명에게 돈을 줍니다. 다시 말해 파4홀에서 후세인이 파를 했을 경우 3으로 곱하면 12점이 됩니다. 또 나머지 3명 중 2명이 파, 1명이 보기플레이를 하면 3명의 합친 점수가 13점이 되어 후세인이 이깁니다. 액수는 정하기에 따라 일정치 않습니다.

⑦ 딩동댕

한 홀에서 3가지 내기를 하는 게임입니다. '딩'은 티샷을 가장 멀리한 사람이, '댕'은 가장 먼저 그린에 공을 올린 사람이, '동'은 맨 먼저 홀 컵에 공을 넣은 사람이 각각 이기는 게임으로, 이를 홀마다 되풀이 합니다.

〈출처 - 감칠 맛 나는 골프 이야기〉

많은 이들이 "내기 골프를 해보면 그 사람의 본래 성격이 드러난다."고 말합니다.

실제로 가볍게 내기 골프를 했다가 사이가 완전히 틀어진 사람들을 적지 않게 보았습니다. 그들은 손을 설레설레 저으며 다시는 저 사람과 내기를 하지 않겠다고 선언합니다.

그렇습니다. 사실 내기라는 것은 기본적으로 이기기 위해서 하는 것이고, 때문에 감정이 개입되기 쉽습니다. 그 내기가 본질적으로 경기를 좀 더 긴박감 있게 즐기기 위한 하나의 장치에 불과하다는 사실을 잊기 때문입니다.

어떤 이들은 잔돈에 연연해 중요한 경기 규칙을 소홀히 하거나 매너가 흐트러지기도 합니다.

또 돈을 잃은 것이 자존심 상해 성질을 부리기도 합니다. 이런 사람들과는 아예 내기를 하지 않는 것이 좋으며, 어쩔 수 없이 하게 되었다면 가벼운 식사 내기, 맥주 내기, 정도면 무리가 없을 것입니다.

어떤 내기를 하든, 얼마를 걸었든, 우리가 내기 골프에서 잊지 말아야 할 사실이 하나 있습니다.

골프는 어디까지나 즐거워야 한다는 사실입니다. 얼마 되지 않는 돈 때문에 함께 해왔던 시간, 함께 쌓아왔던 신뢰를 잃게 되는 건 양쪽 모두에게 어리석은 일입니다.

상대가 지기 싫어하는 자존심 센 사람이라면, 잘 독려하고 유쾌하게 경기를 이끌어가는 배려와 배포만 가지면, 내기 골프도 얼마든지 즐겁게 이끌어갈 수 있습니다.

하지만 사람이란 본래 '내기' 에서는 곤두서게 마련입니다. 따라서 최선의 내기를 할 때도 상대를 가려서 하는 것입니다. 또한 이기든 지든 서로를 배려하고, 내기에서 딴 돈을 혼자 주머니 속에 쑥 넣어버리는 염치없는 행동만 조심한다면 큰 문제는 없을 것입니다.

4. 골프의 에티켓

골프는 매너가 핵심적인 경기라고 할 수 있습니다. 라운드를 하는 동안 얼마나 에티켓을 잘 지키느냐에 따라 서로에게 좋은 인상을 남길 수도, 반대로 나쁜 인상을 남길 수도 있는 것입니다.

골프에서 무엇보다도 중요한 것은 동반 플레이어에 대한 배려입니다. 서로 격의 없이 마음을 나누되 기본적인 룰을 지킨다면 다음 번 동행까지 나아가게 됩니다. 그것이 바로 골프를 통한 인간관계의 시작입니다.

지금부터는 골프에서 지켜야 할 기본적인 에티켓을 살펴보도록 하겠습니다.

1. 긴장을 풀고 마음을 열어라

　골프에서 중요한 것은 무엇보다도 플레이를 매끄럽게 풀어가는 일입니다. 그러기 위해서는 불필요한 긴장 상태를 느슨하게 할 필요가 있습니다. 설사 상대가 비즈니스 관계라고 할지라도, 그보다는 먼저 질 좋은 플레이를 이끌어내는 데 집중해야 합니다. 골프에서 좋은 플레이는, 곧 원하는 성과로 이어지기 때문입니다.

　때로는 심리적인 스트레스나 초조함이 골프에 많은 영향을 미칩니다. 단순히 스코어 문제가 아니라 무슨 이야기를 나눠야 할지, 상대가 내 실력이나 매너에 어떤 생각을 가지게 될지 고민하게 되기 때문입니다. 만일 그런 문제로 플레이 전에 긴장을 하는 편이라면, 이제 그런 걱정은 덜어도 되겠습니다. 왜냐하면 골프는 시간이 지날수록 점차 평온한 흐름을 타고 유대관계에도 영향을 미치는 게임이기 때문입니다. 중요한 경기가 잡혔더라도, 일단 누군가와 차를 한잔 마신다는 생각으로, 좀 더 가볍게 경기에 임하려는 노력을 해야 합니다. 프로 골퍼들이 경기 전에 심리적인 전문가들에게 도움을 받는 것도, 비단 승부의 문제가 아니라 질 좋은 경기를 이끌어내기 위한 하나의 방편임을 잊지 맙시다.

2. 기본적인 규칙을 철저하게 익힌다.

'빙산의 일각' 이라는 말이 있습니다. 하나를 보면 그 사람의 전부가 보인다는 뜻입니다. 의도치 않게 작은 실수로 동행하는 사람에게 불편이나 의심을 준다면 그 경기는 좋은 결과로 마무리되기 힘들어집니다. 예를 들어 상대의 퍼팅 방향과 나란히 서지 않는 것, 의견을 말하되 정도를 지키는 것, 그 외의 작은 규칙들을 연습을 통해 익혀야 합니다. 그리고 모를 때는 부끄러워하지 말고, 상대에게 배운다는 자세로 정중하게 질문을 던지는 것이 좋습니다. 누구나 처음부터 완벽하게 룰을 익힐 수 있는 것은 아니기 때문입니다. 정확한 규칙을 지키는 것은 실력을 뛰어넘어 그 사람의 골퍼로서의 자질을 보여준다는 점을 생각합시다.

3. 서로를 칭찬하라

골프의 미덕은 승부에 있지 않습니다. 일반적인 골프 게임이든 비즈니스 골프이든 칭찬은 경기 운영을 매끄럽게 끌어가는 기본적인 윤활유입니다. 상대가 좋은 샷을 했을 때는 아낌없이 박수를 치고 "굿 샷!" 이라고 외쳐봅시다. 반대로 상대가 실수를 했을 때는 신중하게 조언을 하고 다음번에는 더 잘될 것이라고 위로합시다. 결국 그렇게 나눈 교감의 이익은 나에게도 다시 돌아옵니다. 심지어 수백 만 달러가 걸린 경기에서도 칭찬을 통해 훌륭한 인간적 면모를 보여주는 프로 골퍼들이 있습니다. 설사 그들이 실수를 하거나 매치에서 탈락해도 우리는 그 사람을 비난하거나 함부로 평가하지 않습니다. 그들은 실력만큼이나 훌륭한 골프 인격을 갖추었기 때문입니다.

4. 순간에 몰두하라

골프는 기본적으로 긍정적인 몰두의 게임입니다. 혹자는 골프야말로 몰두의 힘을 보여주는 게임이라고 칭찬한 바 있습니다. 그만큼 골프는 집중력 없이는 좋은 결과를 낼 수 없는 게임입니다. 어떤 사람은 게임보다는 게임 외적인 것에서 더 많은 것을 얻어내려 듭니다. 예를 들면 비즈니스 골프에서 비즈니스만 생각한다던지, 틈틈이 계속해서 시계를 들여다보거나, 동의 없이 핸드폰을 받는 등의 행동은 상대의 맥을 빠지게 하고, 불쾌감마저 일으킵니다. 골프에서 가장 기본적인 것은 주어진 순간, 주어진 샷마다 집중해서 최선을 이끌어내는 것입니다. 그것이 승부와는 관계없이 나에게도 상대에게도 만족스러운 기분을 안겨준다는 점을 기억합시다.

5. 더 나은 경기를 꿈꾸어라

많은 스포츠들이 그렇지만 골프와 인생에는 닮은 점이 많습니다. 아무리 많이 쳐도 실력이 늘지 않는 사람들이 있습니다. 그런 사람들은 흔히 "나는 골프를 즐기는 사람"이라고 변명 아닌 변명을 합니다. 그러나 그것은 말 그대로 변명에 불과합니다. 우리는 경기에서든 삶에서든 서로에게 줄 것이 많은 사람이 되어야 합니다. 아무리 함께 골프를 쳐도 내 실력이 늘 고만고만하다면 그것은 나태함의 문제고, 더 나아가 파트너에 대한 예의가 아닐지도 모릅니다. 누구나 나에게 무언가 줄 게 있는 사람을 좋아하고 신뢰하게 마련입니다. 만일 꾸준히 함께 치는 동반 플레이어가 있다면 그 동반자와 더불어 더 나은 경기를 꿈꾸고 서로를 독려해야 합니다. 그것이 바로 관계를 위한 스포츠인 골프에서 가장 기본이 되는 핵심입니다. 경기가 끝나면 동반자와 스코어 등 경기의 전반적인 흐름을 점검하고 그 안에서 함께 나아갈 수 있는 지점을 고민해 봅시다.

  위의 문항들은 필드에 나가기 전에 기본적으로 갖춰야 할 소양입니다. 사실 소양이라는 것은 순간적인 암기가 아닌 오랜 습관 속에서 만들어집니다. 이를 항상 염두에 두어 조급한 마음을 떨쳐버리고 더 깊고 넓은 완성을 향해 나아가는 골퍼가 되어야 합니다. 큰 배를 잘 몰아본 사람들은 작은 배에서도 방향을 잃지 않습니다. 위의 큰 규칙과 에티켓들을 철저하게 익혀 매 경기마다 사용해 봅시다.

재미있는 골프 이야기 - ④ 필드에서는 복장도 실력

골프 경기 중계방송을 본 분들이라면 프로 골퍼들의 패션에도 자연스럽게 눈길이 머문 적이 있을 것입니다. 다른 많은 스포츠와 마찬가지로 골프에서도 패션은 그 사람의 개성과 성격을 잘 보여줍니다. 각자에게 맞는 패션을 고수하는 것은 이미지 메이킹과도 밀접하게 관련됩니다. 또한 골프 복장은 무엇보다도 기능적인 측면을 강조해야 합니다. 다음은 골프 복장에 대한 조언들과 최근 유행하고 있는 트렌드 들이니 한번 참조해 보시기 바랍니다. (우리가 명심해야 할 사항은, 우리는 프로처럼 경기를 할 수 없어도 그들처럼 복장을 갖출 수는 있다는 점입니다.)

▶▶▶ 모자

모자는 골프에서 패션의 시작과 끝이라고 이야기합니다. 화이트와 블랙, 블루 톤들이 주류를 이루고 여기에 줄무늬나 패턴 등이 강조된 것들이 일반적입니다. 다만 모자는 패션인 동시에 기능성을 갖추므로 자외선 차단은 물론 통풍도 잘되어야 합니다. 통풍이 안 되는 모자는 자칫 땀이 차고 두통과 탈모를 유발하니 고를 때 특히 신중을 기해야 합니다.

▶▶▶ 골프 웨어

요즘은 겹쳐 입기가 유행입니다. 여성 골퍼들은 주름이나 망사 제품을 애용하되, 그 안에 받쳐 입는 셔츠는 심플한 민소매나 반팔이 사랑받고 있습니다. 색상이 간결한 것들이 무난하지만 가끔은 밝은 원색, 꽃무늬 등으로 개성을 강조한 제품들도 많습니다. 바지 길이 또한 여성의 경우 짧은 핫팬츠부터 치마바지까지 다양합니다. 다만 남성들은 긴 바지를 입어야 하는 만큼 소재 또한 중요합니다. 구입을 할 때는 무엇보다도 체형을 고려하고 반드시 입어보고 구매하도록 합시다.
(전체적으로 3가지 컬러를 넘지 않는 것이 세련미를 더해줍니다.)

▶▶▶ 골프화

젊은 골퍼들이 많아지면서 골프화도 예전의 단순한 디자인을 뛰어넘어 여러 색상과 디자인들이 등장하고 있습니다. 골프화에서 중요한 것은 무엇보다도 기능성입니다. 비가 와도 새지 않는 방수 처리에 특히 유념하고 통풍 또한 중요합니다. 마지막으로 바닥의 스파이크 역시 꼼꼼히 체크해야 합니다. 이는 바닥에 발을 정확하게 밀착시켜 샷의 정확도에 영향을 미치기 때문입니다.

▶ ▶ ▶ 썬 크림

썬 크림이 피부노화를 막아준다는 것은 잘 알려진 사실입니다. 최근에는 썬 크림을 일상적으로 사용하고 있는 추세지만, 필드에 나갈 때는 더더욱 유용합니다. 필드는 사방이 뚫려 있어 자외선 공격이 직접적으로 우리 피부에 영향을 미치는 장소이기도 합니다. 필드에 나가기 30분 전에 반드시 썬 크림을 발라주고, 플레이 도중 땀이 많이 흐를 경우에는 수시로 덧발라 주어야 합니다. 썬 크림에는 자외선 차단 지속 시간을 가리키는 SPF 표시가 있습니다. 예를 들어 SPF20, SPF30, SPF50 등입니다. 대개 필드에서는 장시간 강한 자외선에 노출되는 경우가 많으므로 SPF30 이상을 사용하는 것이 바람직합니다.

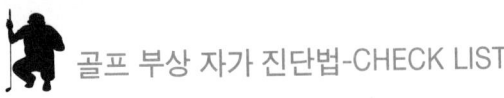 골프 부상 자가 진단법-CHECK LIST

라운딩 후 다음과 같은 증세를 느꼈다면 척추, 허리 건강을 의심해야 합니다.

척추에 이상이 있다면

- ☐ 연습장(라운딩)을 다녀오면 아무리 쉬어도 피로가 가시지 않는다.
- ☐ 스윙을 잘못할 경우 온몸의 근육이 뻐근하고 무겁다.
- ☐ 전동 카트를 항상 이용할 정도로 온몸에 힘이 빠지고 기운이 없다.
- ☐ 손과 다리 길이가 다르다.
- ☐ 손마디나 다리가 잘 붓는다.
- ☐ 옷이 한쪽으로 계속 돌아간다.

목뼈에 이상이 있다면

- ☐ 어드레스 동작 시 항상 긴장되는 느낌을 받는다.
- ☐ 게임이 잘 안 풀리면 가슴이 답답하고 자주 한숨이 나온다.
- ☐ 잠자는 도중에 등이 자주 결려 잠을 깬다.

- ☐ 목을 회전시키고 나면 뒷목이 뻣뻣하고 아프다.
- ☐ 스윙 후 어깨가 뻐근하고 잘 굳는다.

허리뼈와 골반에 이상이 있다면

- ☐ 스윙을 할 때 허리 통증이 있다.
- ☐ 게임이 지속될수록 다리가 땅기고 아프다.
- ☐ 볼을 집으려 허리를 굽힐 때 허리나 골반에서 갑작스런 통증을 느낀다.
- ☐ 다리가 저리고 통증으로 쉼 없이 한 홀을 플레이하기가 힘들다.
- ☐ 게임을 할 때 다리에 쥐가 잘 나는 편이다.
- ☐ 아침에 일어날 때마다 허리에 뻐근한 느낌을 받는다.

어깨에 이상이 있다면

- ☐ 스윙 시 어깨 관절이 뻣뻣하고 통증이 있다.
- ☐ 백스윙의 정점에서 팔을 들어올리면 삐끗하는 느낌이 들면서 아프다.
- ☐ 골프를 치지 않을 때도 어깨가 아프다.

- 골프를 칠 때 통증이 있다가 골프를 쉬면 없어졌다 하는 것이 반복적으로 나타나며 시간이 지날수록 더욱 심해진다.
- 샤워를 할 때 목 뒤나 어깨 뒤를 씻기가 힘들다
- 야간에 통증이 더 심하다
- 운전 시 어깨와 등에 통증이 있거나 불편하다

〈출처-자생한방병원 골프척추관절클리닉〉

제3장

혈액형을 알면 골프가 강해진다

I. 기질을 알아야 골프 비즈니스에 성공한다

한국 사람들의 이력서에는 특이한 점이 있습니다. 바로 혈액형을 적는 난이 따로 있다는 점입니다. 이는 사실 외국에서는 보편화된 방법이 아닙니다. 일부는 이것이 혈통을 중시하는 우리의 전통과 관련이 있다고 하지만, 그 사실 유무를 떠나 혈액형은 오랜 세월 동안 통계적 성격을 가늠하는 중요한 자료가 되어왔습니다. 또한 실제로 사회 각 분야 활동에서 혈액형을 무시하지 않고 효용성 있는 자료로 받아들이고 있습니다.

사실 우리는 인간관계에 대해 100% 자신할 수 없습니다. 그래서 통계에 일부 혜안을 기대하는 것도 나쁘지 않은 방법입니다. 실제로 비즈니스 골프에서도 흔히 혈액형에 대한 대화가 오고갑니다. 현실적으로, 혈액형을 토대로 한 인간성에 관한 지식을 지닌 사람과 지니지 못한 사람과의 사이에는 관계를 통찰하는 능력에서 차이가 나기 때문입니다. 즉 혈액형별 인간과학의 응용은 인간 활동 및 사회 모든 분야의 모든 면에 걸쳐 그 영향을 미칩니다.

여기서는 혈액형별 인간과학의 응용범위에 대한 하나하나의 예 보다는 그 핵심적인 부분만을 도출하여 소개하고자 합니다. 또 이는 상사, 동료, 부하직원, 친구 등 상대방의 이해를 통해 보다 좋은 인간관계를 유지하거나 또는 자기 자신을 보다 분명히 알기 위한 도구이기도 합니다.

실제로 혈액형을 인사관리에 활용하고 있는 기업들이 상당수에 이르고 있다는 점을 감안할 때, 혈액형별 인간과학은 유효하고 편리한 지식이 아닐 수 없습니다. 특히, 고도성장기의 기업경영에는 O형 경영자가 많았으나 안정성장기 또는 저 성장기에는 A형 경영자가 증가하고 있다는 점도 주목해야 할 내용입니다. 그럼, 여기에서 혈액형별의 인간관계의 핵심 포인트를 골프 비즈니스에서 응용할 필요가 있는 내용을 중심으로 소개하기로 합니다.

2. 영웅 타입 O형

O형은 4가지 혈액형 중에 그 특성이 표면적으로 **가장 쉽게 드러나는 혈액형입니다.** 풍부한 감정과 다혈질적인 기질이 있어 대체로 정치적입니다. 일단 목표가 정해지면 그것을 향해 직진하는 추진력형 O형은 상하 의식과 승패가 분명하고 뒤끝이 없습니다. 동료에 대한 애정이 풍부해 개인적인 신뢰관계를 중시하며, 현실적인 반면 환상적인 로맨티시즘(romanticism)이 공존하는 모순적 성격을 가지고 있습니다. 이들은 한번 좌절해도 그것을 회복하는 시기가 매우 **빠르며,** 자신만의 스타일 등 개성적인 것들을 선호합니다. 또 자기주장과 자기 표현력이 강하며, 언어 사용이 능숙해 인간관계에서도 강점을 발휘합니다.

강점으로 나타날 경우

실행력이 있고 의지가 강하다

정열적이고 적극적이며 애정이 강하다.

좋은 의미의 야심적이며 충실하다.

끈기, 결단력이 강하며 지기를 싫어한다.

독립심, 자주성, 자존심이 강하다.

꿈과 이상이 있고 지적이며 감성이 풍부하다.

생활력, 대국관(大局觀)이 풍부하다.

솔직하며 인간관계가 좋고 직관력이 우수하다.

온화하고 도량이 넓으며 우정이 강하다.

인간미가 있고 개방적이다.

입이 무겁고 신중하며 타인에게 의존하지 않는다.

독창적이며 개성을 존중한다. 주위에 현혹되지 않는다.

표현력이 우수하고 명랑 솔직하다.

논리적이며 설득력이 있다.

신념적이며 행동이 명쾌하고 주저하지 않는다.

정치의식과 인간관계를 중요시한다.

약점으로 나타날 경우

일에 결함이 있고 수단방법을 가리지 않는다.

소유욕이 강하며 독점적, 이기주의적이다.

권력지향, 출세주의, 반대로는 비굴해진다.

협조성이 미흡하여 침착하지 못한다.

충돌이 빠르고 반항적이다. 어린애 같고 말이 앞선다.

계산이 없고 금전감각이 결여되며 독단적이다.

파벌성이 농후, 자기 편만 중시, 에고이즘 타입.

타인에 대해 지나치게 간섭한다.

자기방어가 과잉적이며 신경질적이다.

좋고 싫음이 격렬하게 나타난다.

자기선전과 주장이 강하며 말이 많다.

말만이 능숙하며 이유가 많고 언행불일치가 심하다.

독단적이고 억압적이다.

타인의 기분에 무신경하며 지나치게 정치적이다.

O형과 비즈니스 골프를 친다!

행동방식 - 목표에 대한 성취에 몰두하고 집중력이 높다. 호탕하고 대범한 사람들이 많다.

판단력 - 이해득실이 정확해 좀처럼 손해를 보지 않는다. 목표 추구가 강해 이를 끝까지 이뤄내고자 하지만, 일이 틀어져도 최선을 다했다고 생각해 쉽게 좌절하지 않는다. 반면 중요한 갈림길에서는 쉽게 판단을 내리지 못해 주춤대기도 한다.

인간관계 - 대범하고 사람 좋다는 이야기를 흔히 들을 정도로 친화력과 융화력이 강하지만, 잘 알지 못하는 사람에게는 경계심을 가지고 내편, 남의 편으로 구분할 때도 있다.

권력의 매력과 권력지향이 매우 강한 O형은 무엇보다도 승부 근성이 강합니다. 비즈니스 골프에서는 승부가 중요하지 않음에도 O형의 경우 종종 자신도 모르게 승부욕을 내보이는 경우가 있습니다. 하지만 본래적으로는 관계에 융화적인 편이라 억지스러운 고집을 보이지는 않습니다.

O형과 골프를 칠 때는 그의 자존심을 살려주는 것이 좋습니다. O형은 또한 유쾌한 분위기를 좋아하므로 중요한 비즈니스라면 시종일관 많은 대화와 더불어 상대의 눈에 보이는 실적에는 칭찬을 곁들여야 합니다.

O형 골퍼들은 대개 능통한 실력자들이 많은데, 이는 그들 자체가 자신이 좋아하는 일에서는 프로 기질을 발휘하기 때문입니다. 초반에는 이 운동, 저 운동 해보다가 골프에 정착한 사람이라면 그는 훌륭한 골퍼일 가능성이 높습니다.

O형 골퍼는 어디까지나 인간 대 인간이라고 하는 관점을 최우선으로 생각하므로, 경기의 질만큼 대화에도 신경을 써야 합니다. 그러나 뒤끝이 없는 성격인 만큼 변명이나 거짓을 싫어하므로, 지나치게 무겁거나 탐색하는 대화, 변명이 섞인 대화는 절대 금물입니다. 또한 O형은 대화를 나누면서도 반드시 스코어를 내서 당신을 이기고자 하는 마음을 가지고 있으므로, 그가 플레이에 집중할 때는 말을 걸거나 방해로 여겨지는 행동을 해서는 안 됩니다.

POINT

1. 항상 경기를 유쾌한 분위기로 이끌어갈 것
2. 상대의 실력을 인정하고, 그가 최선의 점수를 낼 수 있도록 조력할 것
3. 인간적인 면모로 다가갈 것

3. 사색 타입 A형

A형은 기본적으로 주변 환경이나 주위의 상대방에 민감한 타입입니다. 세심한 일에도 지나치게 신경을 쓰는 반면, 신중하고 협조적이며 인간관계의 평온함을 추구하지요. 고통은 잘 감내하며 경계심이 강하고, 조직에 대한 헌신도가 높은 편입니다. A형이 특히 중요하게 생각하는 것 중에 하나가 규칙과 관습입니다. 행동이나 표현이 억제적이며, 과거에 집착하는 경향이 있습니다. 완벽을 지향하는 만큼 지속적으로 노력하며 지구력을 지니고 있습니다. 다만 인간관계에는 크게 능숙하지 못해 마음을 여는 데 인색하며, 상처받은 마음의 회복도 느립니다.

강점으로 나타날 경우

상냥하며 서비스 정신이 강하다.

온화하며 교제가 원만하다.

타인을 능숙하게 관찰한다.

성실하며 허세를 부리지 않는다.

예의바르고 팀워크를 중요시 한다.

절도가 있고 말수가 적은 편이다.

상식이 풍부하다.

엄정한 태도를 견지하며 확실하다.

모든 일에 신중하며 사려 깊다.

책임감, 집착, 근성이 강하다.

자신에게 엄격하며 노력 형이다.

실행력과 향상심이 강하다.

중용(中庸)의 정신이 강하다.

집념과 프라이드가 강하며 지기 싫어한다.

현재에 만족하지 않는다.

항상 자기개발을 위해 노력한다.

사명감, 도의심, 희생정신이 강하다.

약점으로 나타날 경우

자신감이 없고 지나치게 망설인다.

실패에 대한 후회가 지나치게 강하다.

수동적인 입장에서 지시된 일만을 처리한다.

끈기가 없고 소심하며 초조해 한다.

집념이 지나치게 깊고 후회가 길다.

불평과 질투가 많다.

자기도취에 빠지는 경향이 많다.

지나치게 깨끗하고 완전한 데 집착한다.

주위에 집착하며 신경질적이다.

타인을 잘 믿지 않으며 표면적이다.

융통성이 없고 자주성과 비판성이 미흡하다.

형식에 잘 치우치며 대인관계에 차별을 둔다.

진심을 노출하지 않으며 비밀 주의적이다.

마음이 좁고 소심(小心)하다.

변명과 이유가 많고 행동이 느리다.

A형과 비즈니스 골프를 친다!

행동방식 - 부지런하고 안정을 추구하며 빈틈이 없다. 새로운 시도에는 신중함을 발휘하며, 인내심을 가지고 천천히 일궈 간다.

판단력 - 여러 번 생각하는 스타일이다. 따라서 일단 결정을 내리면 그에 대해 강한 확신을 가진다.

대인관계 - 평화와 안정을 추구하고 세심한 배려를 보인다. 그러나 너무 빨리 다가가면 깜짝 놀라 마음을 닫아버린다. 상대가 자신의 마음을 알아주지 않으면 불쾌해 한다.

A형은 자기주장이 강하지 않고 스스로 타인을 위해 헌신할 때 기쁨을 느낍니다. 따라서 A형과는 내기 골프도 좋지만 누군가를 초대할 때 브릿지 역할을 맡겨도 훌륭하게 수행해 냅니다. A형과 비즈니스 골프를 칠 때는 무엇보다도 규칙과 룰에 대한 존중을 보여야 합니다. A형 자체가 질서 규칙을 존중하면서도 조화를 이루고자 하기 때문입니다. 만일 조금이라도 규칙에 어긋남이 있으면

당신에 대한 신뢰도 하락할 것이니 '적당히 둘러가기', '편의주의' 등은 경계하는 것이 좋습니다.

또한 A형은 팀워크를 중시하는 편으로, 공적인 것과 사적인 것에 대한 영역이 분명하고 소속감이 강합니다. 따라서 팀을 이루고 있다면 개인보다는 팀에 헌신해야만 A형과 무리 없는 소통을 할 수 있습니다.

A형의 샷은 대개 치밀하고 느릿느릿 이어집니다. 돌다리도 천천히 두드리고 가는 편이라 자칫 게임의 흐름이 빠르지 않을 수 있지만, 스코어가 중요하지 않은 비즈니스 골프에서는 이 역시도 느긋하게 즐기면 됩니다. A형과 골프를 칠 때 대화의 주제는 한정되기 쉽습니다. A형은 경계심이 많고 천천히 마음의 문을 여는 타입이기 때문입니다. 지나치게 사적인 질문들을 퍼붓거나 서둘러 결론지어 이야기하는 것은 피하는 것이 좋습니다. A형을 대할 때 무엇보다 중요한 것은 바로 인내심과 시간입니다.

POINT
1. 규칙과 질서를 존중할 것
2. 인내심을 가지고 충분한 시간을 할애할 것
3. 같은 '팀' 이라는 생각을 가지고, 지나치게 사적으로 대하지 말 것

4. 감각적인 타입 B형

　B형은 기본적으로 자유분방한 타입으로 발상이 유연하고 흥미의 대상도 넓습니다. 자신의 페이스를 강조하는 타입으로서 속박을 싫어하며 그만큼 열린 자세로 마음을 열어주는 편입니다. 이들은 주위환경에 대한 집착이 덜하지만, 관습이나 규칙에도 반항적일 수 있습니다. 행동이행이 빠르고, 사전 판단에 정확성을 기합니다. 이들은 실용적이고 구체적인 사고력을 지니고 있으며, 장래에 대해서도 낙관적입니다. 다만 기분에 대한 기복이 심하고, 탈 가정적(脫家庭的)인 경향이 강하며, 흥미 또는 관심 중점의 인생을 즐기는 경향이 강합니다.

강점으로 나타날 경우

자주성과 독립심이 강하며 의뢰심이 없다.

유연한 사고력을 지니고 있으며 이해의 폭이 넓다.

아이디어가 풍부하다.

개방적이고 서민적이며 온화한 인품을 지니고 있다.

작은 일에 얽매이지 않고 내 갈 길을 간다.

창조적이고 진보적이며 임기응변에 능숙하다.

결단과 실행이 빠르며 활력적이다.

객관성이 풍부하며 공평하다.

계획이 실제적이고 과학적으로 수립한다.

연구에 대한 소질과 끈기가 있다.

경험을 잘 활용하며 집념이 강하다.

개척정신이 강하며 대담하고 전향적(轉向的)이다.

감수성과 인정미가 풍부하며 솔직하다.

담백하며 일이나 사회를 위해 산다.

약점으로 나타날 경우

마이패스주의로 독주(獨走)한다.

태도가 산만하며 신념이 없다.

주위가 산만하며 무례하다.

무신경(無神經)으로 제멋대로 한다.

간혹 질서가 문란하며 비상식적이다.

신중함이 부족하며 성급해 한다.

흑백이 불투명하고 애매한 태도를 취한다.

꿈이 없고 철학이 없으며 신념이 약하다.

흥미본위로 일을 하며 전문성이 없다.

말이 많고 미련이 심하다.

견해가 없고 독자적이다. 신경질적인 경향을 띄고 있다.

가정, 또는 가족으로서의 책임감이 적다.

사회성이 떨어지고 야심이 작다.

B형과 비즈니스 골프를 친다!

행동방식 - 자기중심적이며 사회적 규제와 틀을 거부한다. 주변 사람에게는 다소 무심하고 낯선 시도에도 용감하다.

판단력 - 결정력이 부족하고 감정의 폭이 크다. 대신 한번 내린 결정을 수정하는 것을 주저하지 않는다. 대체로 유연한 성격으로 이해의 폭이 넓다.

대인관계 - 형식적인 것을 싫어하는 동시에, 상대가 자신의 이야기를 잘 들어주는 것을 좋아한다. 허물없이 통쾌한 사람이 있는 반면, 아주 무뚝뚝한 사람도 있다.

다른 혈액형에 비해 별다른 사회적 야심도 공명심도 적은 B형은 즐거운 골프에는 적격인 대상입니다. 이들은 클럽을 잘못 휘둘러 바지에 흙이 튀어도 허허 웃고 넘어갑니다. 규칙과 질서에 비중을 두기보다는 스스로의 즐거움을 찾는 사람들이기 때문입니다.

이들의 플레이에는 원칙적인 기준이나 당위가 적은 편이라 주로 경기 자체보다는 거기서 비롯되는 인간적 대화나 즐거운 분위기

등을 강조하는 것이 좋습니다. B형과 골프를 칠 때는 조용한 조언자, 엄격하지는 않지만 설득력 있는 길잡이가 되어주는 것이 좋습니다. 다만 권위적인 것을 싫어하기 때문에 명령 투의 말이나 상급자 투의 언행은 피해야 합니다.

B형은 때로 사행심이 강한 경우가 있어 경기가 시들해진다 싶을 때, 그에 적합한 보상을 약속하면 다시 불이 붙기도 하니 B형과의 골프에서는 즉각적인 관계의 감각이 필요하다고 볼 수 있습니다.

즉 B형은 목표달성에서 환경에 영향을 많이 받게 됨으로 의욕을 북돋아 줄 수 있는 환경 조성이 필요한 것입니다. 이들과의 대화는 가까운 기름값 이야기부터 저 먼 우주의 이야기까지 여러 이야기들이 오갑니다. 이들은 박학다식하고 창조적인 영감을 가진 만큼 이야기의 주제로 상대를 판단하기도 합니다. 따라서 B형을 게임에 초대할 때는, 사전에 그가 어떤 분야에 관심이 많은지를 적절히 파악하는 일이 도움이 됩니다.

POINT

1. 권위적이고 원칙적인 언행은 피한다.
2. 풍부한 대화거리를 준비해간다.
3. 함께 즐긴다는 자세로 임한다.

5. 합리적인 타입 AB형

AB형은 비평과 분석 등 다각적으로 해석하는 능력에서 탁월함을 발휘해 합리적으로 일을 처리합니다. 사회 참여의식과 봉사정신이 강해 인간관계는 폭 넓은 편이지만, 그럼에도 항상 간격을 유지하는 경향이 있습니다. 이들은 표리부동이나 위선을 싫어하며, 공상적인 취미가 강합니다. 한 일에 집중하면 집중도가 높으나 지속성은 낮은 편이며, 현실적인 경제생활에 몰두해 최소한의 생활안정을 일구어냅니다. 과도한 힘(力)의 투쟁은 싫어하는 편입니다.

강점으로 나타날 경우

분석이 정확하며 이성적, 지적이다.

두뇌가 샤프하며 센스가 있다.

성실하고 사회적 의무감과 봉사정신이 강하다.

비즈니스가 유능하며 공정하다.

부탁에 대해서는 흔쾌히 접수하는 친절함이 있다.

신중하고 민주적이며 대의명분을 중시한다.

언제나 변함없이 침착하고 냉정하다.

자신에게 충실하며 업무에 적극적이다.

공평하고 파벌성이 적다.

관찰력과 정의감이 투철하며 도덕적이다.

능률적이며 요령의 포인트를 신속하게 포착한다.

다각적인 경영력이 풍부하며 견해가 폭넓다.

꿈이 있고 감동적이며 감상적이다.

담백하고 자제심이 강하며 취미가 폭넓다.

경영능력과 생활력이 강하며 가계에 대한 책임감이 강하다.

주의 깊고 성실하다.

권위의식이 적고 민주적이다.

약점으로 나타날 경우

의리를 경시하며 정이 얇다.

비평가적으로 타인의 마음에 상처를 준다.

겸손하지 못하며 공명심이 많다.

항상 제3자적 입장에서 기회주의적이다.

타인에게 끌려가며 자주성이 부족하다.

결단력과 책임감이 희박하다.

기분대로 행동하며 2중 인격적인 태도를 취한다.

소속감이 부족하고 마음을 연소하지 않는다.

 포용력이 부족하며 좋고 싫음이 격렬하게 표현된다.

끈기가 약하고 쉽게 싫증을 내며 끝마무리가 깨끗하지 못하다.

반성이 서툴고 이유와 변명이 능숙하다,

현실감각이 없고 어린애 같은 태도를 견지한다.

정열이 부족하고 모든 일에 깊이와 일관성이 없다.

계산적이며 인색하다.

예의를 경시한다.

지나치게 사생활을 중시하며 모험을 싫어하며 개인주의적이다.

AB형과 비즈니스 골프를 친다!

행동방식 - 반사 신경이 좋아 임기응변에 강하다. 항상 열정적으로 시작하지만 뒤끝은 흐지부지한 편이다.

판단력 - 기본적으로 합리적인 생각을 가지므로 비평과 분석에 탁월한 능력을 발휘하는 반면, 지나친 구태의연한 원칙에는 얽매이지 않는다.

대인관계 - 늘 온화함을 고수한다. 여러 면에서 공평함을 고수하며 관계에도 일정한 선을 둔다. 여러 면에서 냉정하다는 이야기를 듣는다.

격렬한 투쟁을 싫어하고 어떤 사물이나 사태에 대한 탁월한 분석력을 가진 AB형은 사실 즐거운 게임 상대는 아닙니다. 이들은 오히려 매니저의 입장에서 이것저것 지적하고 바로 잡아주면서 기쁨을 느끼는 가르치는 타입이므로, 친절하게 경기에 대한 조언이나 원칙을 알려주는 일도 별 소용이 없습니다.
AB형은 게임 자체보다는 아마 당신과의 비즈니스에 주안점을 두고 게임에 임할 것입니다. AB형은 감수성이 풍부한 면모를 가지고 있기 때문에, 오히려 이쪽에서 경계심을 버리고 친근하게 다가가면 의외로 쉽게 마음을 엽니다. 다정다감한 태도, 솔직한 언행 등이 특히 AB형에게 기쁨을 줄 것입니다. 이들은 늘 분석하고 평가하는 데만 정열을 쏟아온지라 그럴 필요가 없는 편안한 상대에게 깊은 애정을 느끼게 되는 것입니다.

AB형의 플레이는 직선적이고 건조하고 경쟁에서 이기는 것에는 특별한 매력을 느끼지 못합니다. 따라서 내기 골프를 한다 해도 AB형으로부터 투지나 흥미를 이끌어내는 것은 힘듭니다. 정석적으로 게임을 진행해나가되 모르는 것이 있으면 물어보고 조언을 구하면 AB형은 선뜻 자신이 그 문제를 해결해주는 방식으로 게임에 흥미를 느끼게 될 것입니다. 이처럼 AB형은 큰 승부욕이 없는데다가, 이기려고 들수록 멀어지는 상대이므로 차분한 마음으로 게임을 하는 것이 좋습니다.

POINT

1. 경쟁심을 유발하는 게임 형식이나 언행은 피한다.
2. 오픈 되고 솔직한 마음과 자세로 임한다.
3. 어려울 때 조언을 구하면 호감을 얻을 수 있다.

제 4 장

개성이 다른 사람과의 라운드

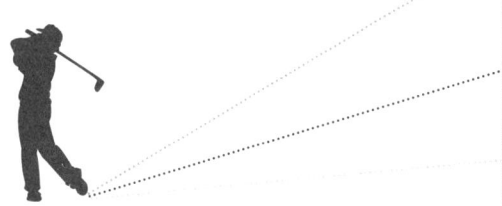

I. 너 자신을 알라 – 호감받는 이미지 메이킹 법

고대 그리스의 신화를 보면, 남자와 여자가 탄생한 건 신들이 인간의 힘을 약화시키기 위해 인간을 이 둘로 구분했기 때문이라고 말합니다. 그 결과 우리는 '잃어버린 반쪽'을 찾기 위한 기나긴 탐구과정을 밟게 되었다는 것이지요. 그러나 정작 그 '반쪽'을 찾고서도, 이 반쪽을 원래대로 맞추는 일은 결코 쉽지 않습니다. 아니, 경험이 입증해주듯 그것은 아예 무익한 노력입니다. 사실상 커뮤니케이션 속에서 서로를 이해하고 조화시키지 않으면, 한 사람이 다른 사람을 희생시켜 자신의 성격을 표현하게 되는 것입니다.

이는 골프에서도 어김없이 적용됩니다. 예를 들어 누군가를 초대해서 함께 라운드를 해야 하는 경우, 상대가 어떤 사람인지 아는 것은 매우 중요합니다. 사람마다 독특한 스타일과 성격, 일 처리 방식이 있기 때문입니다. 따라서 상대가 어떤 타입인지 분석하고 라운드에 임한다면 불필요한 실수를 줄이는 것을 넘어 더 좋은 성과를 얻을 수 있습니다.

다음에 나올 것은 각각의 성격 유형들입니다. 나와 자주 동행하는 사람, 만나야 할 고객, 또는 나 스스로는 어떤 타입인지 라운드 전에 한번쯤은 꼭 점검해봅시다.

POINT

D.I.S.C란 사람들의 성격을 개성에 따라 시각화한 것으로 D형(Dominate) 지배형, I형(Interesting) 흥미형, S형(Submissive) 순종형, C형(Calculating) 계산형의 분류에 따라 조합한 성격유형 분류법으로써 개성과 성격에 따른 즐거운 골프에 도움이 될 것입니다.

2. 개성에 따른 심리 구조

D타입 - 지배형

D타입은 역동적인 리더로 결코 약한 소리를 하지 않습니다. 무엇보다 강력한 추진력과 실행력을 가진 덕에, 성공하지 못하면 계속 도전합니다. 한마디로 말해 이들은 '세상을 돌아가게 만드는' 이들입니다. 이러한 D타입에게는 동정을 기대하지 않는 것이 좋습니다. 그들에게 온정이나 동정을 구하면 그들은 이렇게 말할 것입니다. "쓸데없는 소리 집어치우고 당장 돌아가 일하시오!"

I타입 - 흥미형

대체로 'I' 타입은 활동적이면서 인간 지향적입니다. 특히 낙천적이고 말솜씨에 능통하기 때문에 정직한 면모만 있다면 위대한 리더가 될 수 있습니다. 반면, 정직하지 못하면 역시 위대한 사기꾼이 될 수도 있습니다. 이들은 성공을 위해 수단과 방법을 가리지 않으며 어떤 조직에서든 제일선에 서는 사람들 중에 바로 I타입이 많습니다. 한편 I타입은 재미있는 것을 좋아하고, 다른 사람을 설득하여 자신의 생각에 따르도록 만드는 것에 만족감을 느낍니다. 그러나 일단 목적을 달성하면 노력의 필요성을 느끼지 못합니다. 어떤 면에서는 기만적이라고 할 수 있겠지요.

S타입 - 순종형

일반적으로 'S' 타입은 내성적이면서도 인간지향적으로 일을 한 번에 한 가지씩 처리하는 것을 좋아하며 모든 것이 질서있게 기능하기를 희망하는 사람들입니다. 따라서 틀에 박힌 시스템이나 과정을 그리 지루하게 여기지 않으며 모든 것이 정돈되어 있을 때 안정감을 느끼게 됩니다.

S타입이 가장 하기 힘들어하는 말은 '안 돼' 라는 말입니다. 한마디로 말해 그들은 '예스맨' 으로 늘 남을 돕고 지원하는 길을 찾습니다. 여러분이 사랑받고 지원받고 있음을 알려주고 싶어 하는 사람들입니다.

C타입 - 계산형

대체로 'C' 타입은 내성적이면서도 업무 지향적으로 '일을 계획하고 계획대로 일하는' 유능한 사람들입니다. 매우 조심성이 있는데다 주도면밀한 C타입은 핵심을 집착하는 관점에서 생각하는 경향이 강하고 계산적입니다. 이를 테면 그들은 다른 이들의 일에 딴지걸기를 좋아합니다. 처음 들을 때는 왠지 어거지 같지만, C타입의 지적이라면 믿을 만합니다. 그들의 상황 분석 능력이 뛰어나다는 교훈을 곧 얻게 될 테니까요. 그들은 배후를 꿰뚫어보는 능력을 지니고 있어 일의 진상을 쉽게 파악할 수 있습니다.

즉 여기에서는 각자의 타입들에게 잘 맞는 성격들이 있습니다. 일반적으로 우리는 비슷한 사람들보다는 다소 나와 반대적인 측면이 있는 사람을 좋아합니다. 그렇다면 왜 우리는 상반되는 유형에 끌리는 것일까요?

D타입이 S타입에게 끌리는 이유는 무엇일까요?

- D타입은 주도하길 좋아하는 반면 S타입은 따라가길 좋아하기

때문입니다.

S타입이 D타입에게 끌리는 이유는 무엇일까요?

- S타입은 때로 불안감을 느끼는 반면 D타입은 자신감을 발산하는 것처럼 보이기 때문입니다.

I타입이 C타입에게 끌리는 이유는 무엇일까요?

- I타입이 자연스럽고 즐겁게 사는 걸 좋아하는 반면, C타입은 체계적이고 논리적으로 사고하는 법을 알기 때문입니다.

C타입이 I타입에게 끌리는 이유는 무엇일까요?

- C타입의 경우 진지한 성격을 가졌긴 하지만 좀 더 밝은 삶을 살고자 노력하기 때문입니다.

이처럼 대다수의 사람들은 스스로 의식하지 못하는 사이에 자신의 '나머지 반쪽'이 될 수 있는, 즉 자신의 약점을 보완해줄 사람에게 끌립니다. 즉 위험부담을 마다하지 않는 추진력 있는 실행가인 D타입은 조심성 많고 계산적인 스타일인 C타입에게 끌립니다. 또한 남에게 영향을 미치며 깊은 인상을 주는 I타입은, 상냥하고 부드럽고 침착하며 안정된 스타일인 S타입에게 끌리게 됩니다.

우리는 모두 어느 정도는 D-I-S-C의 자질들은 지니고 있기 때문에 서로의 강점과 약점을 보완할 수 있습니다. 이 각자의 독특한 성립이 우리로 하여금 다른 사람과 상호작용할 때 '균형을 맞출 수 있게' 해주는 것입니다. 그러나 서로 강점 대신 약점에 초점을 맞추면 문제가 발생합니다.

 이 개념을 잘 이해하면 자신과 타인을 보다 깊이 통찰할 수 있습니다. 다만 그것은 내 기질에 역행하는 방향으로 나를 변화시키기보다는 내 행동을 통제하는 데 초점을 맞추게 되기 때문입니다. 또한 상대방과의 라운드에서도 보다 현명한 대처가 가능합니다. 이처럼 성격유형을 파악하고 이해하면 진정한 도움을 얻을 수 있습니다. 여러분도 자신의 강점을 파악하고 약점을 커버할 수 있다면 얻을 수 있는 이익도 크게 늘어날 것입니다.

3. 자기주도형 D타입과 골프하기

"D타입이 사장인 회사는 백전불패가 아닌 백전불굴형" 이라는 말이 있습니다. 즉 그들은 실패를 해도, 그대로 굴복하지 않는 강인한 정신의 소유자들입니다. 이 D타입은 대체로 '노(No)'를 받아들이지 않고 끈기 있는 정신력을 발휘합니다. 그들에게 인생이란 그냥 놀고먹기에는 너무 아까운 시간들입니다. 그래서 혹시나 많은 돈을 벌어 아무리 시간과 돈이 남아돌아도 결코 현역 자리를 떠나지 않습니다. 그들에게 인생은 꼭대기까지 힘겹게 올라야 하는 산, 성취감이 큰 프로젝트처럼 느껴집니다. 하지만 이 D타입은 마음이 늘 조급하기 때문에 종종 번갯불에 콩이라고 구워먹듯 성급하게 행동합니다. 콩들 중에 일부는 안 구워져도, 최소 다른 사람들보다 여러 개의 콩을 빨리 구워먹을 수 있다고 생각하는 것입니다.

이처럼 주도권을 장악하려는 욕구가 큰 D타입은 늘 독단적으로 보이고 승부욕이 강합니다. 그래서 함께 플레이하는 동행자들은 때로 그들이 무슨 생각을 하는지 이해하지 못해 애를 먹는 경우가 많습니다. 즉 이들은 적극적이고 공격적인 성격이라 원하는 조건 아래서만 골프를 하기를 원합니다. 또, 라운드 중에는 줄곧 성적을 내는 데만 급급하며 승부를 중요시 여깁니다. 그래서 보통 쉽게 화를 내며, 자신이 훌륭한 플레이를 했을 때는 누군가 칭찬해주기를 바랍니다. 앞서도 언급했지만, 이런 사람들과 함께 라운드를 하는 것은 그다지 즐거운 일만은 아닐 것입니다. 그렇다면 이렇게 경쟁심이 강한 사람과는 어떤 식으로 라운드를 해야 할까요?

무엇보다도 그 사람이 목표를 달성할 수 있도록 도와줘야 합니다. 이런 사람들은 대부분 욕심이 많습니다. 그가 멋진 샷을 성공시켰다면 축하의 말을 아끼지 말고, 잘못 쳤다면 다음에 잘 할 수 있을 거라고 용기를 줘야 합니다.

특히 자기주장이 강한 사람들과 골프를 칠 때는 사업에 관한 이야기는 가급적 피하는 것이 좋습니다. 공격적으로 변한 그의 모습을 보게 될지도 모르기 때문입니다. 만일 그런 사람들과 비즈니스 골프를 하게 된다면 가능한 한 사업에 대한 얘기는 미루고 라운드에만 신경을 쓰는 것이 좋습니다.

4. 듣기보다 말하기를 좋아하는 I타입과 골프하기

I타입이 시장에 나가면 그 사람의 물건은 해질녘이 되기도 전에 다 팔려버립니다. 그만큼 I타입은 설득력이 뛰어나고 인상이 강해서 주변 사람들의 이목을 끕니다. 실제로 I타입 중에는 우수한 방송인, 세일즈맨, 개그맨 등이 많습니다. 그들은 슬픔에만 빠져 있기에는, 인생이 너무 짧다고 생각해 좌절을 해도 금방 극복하고, 늘 주변 분위기를 밝게 북돋아줍니다.

또한 I타입은 남보다 한 수 앞서기 위해 항상 노력하기 때문에 간혹 허풍을 떨기도 하지만, 그 허풍에 악의가 있거나 하지는 않습니다. 또 감수성이 예민해서 주변 환경의 영향을 많이 받습니다. 게다가 누군가에게 사랑받는 것을 아주 좋아해서 그것을 하나의 힘처럼 발휘하기도 합니다. 예를 들어 I타입 스포츠맨들은 자신을 이해하는 감독의 칭찬을 받으면, 평소보다 2배, 3배 이상 테크닉을 발휘하지만, 반면 모욕을 당하거나 비난, 비웃음을 받으면 크게 상처 입습니다. 이처럼 그들은 카멜레온처럼 주변 환경에 맞게 순식간에 색깔을 바꿉니다.

　이처럼 사람과 사람 사이의 유대를 중시하는 I타입과 골프를 할 때 가장 중요한 것은 예민한 신경을 건드리지 않는 것입니다. 그들은 환경에 따라 좋은 스코어를 낼 수도 있고, 반대로 아주 낮은 스코어를 올릴 수도 있습니다. 게다가 이들은 인신공격적인 농담 등을 싫어하기 때문에 자칫 실수로 샷을 쳤을 때 "어제 무리했어?", "오늘 집사람이랑 싸우고 나왔나?" 식의 악의 없는 놀림에도 얼굴을 붉힐 수 있습니다.

　반면 잘 쳤을 때는 "굿 샷!" 이라고 한번 외쳐주는 것만으로도 흐뭇한 마음으로 경기에 임합니다. 많은 사람들이 자신을 바라보고 신경써준다는 것만으로도 설사 게임에서 지더라도 웃을 수 있는 사람들입니다. 물론 이렇게 웃고 즐기는 가운데 비즈니스 이야기가 잘 통할 수 있는 것은 당연지사겠지요.

5. 예스맨 S타입과 골프하기

일반적으로 골프에서 S타입은 고객의 이익을 최우선으로 합니다. 사실, 누구나 마음만 먹는다면 그렇게 할 수 있지만, 그 중에서도 S타입은 매우 상냥하고 다정하고 배려가 깊습니다. 이런 S타입의 사람들에게 불평할 사람은 아마 드물 것입니다. 그들은 결코 무례하거나 으스대지 않습니다. 차에 타면 언제나 뒷좌석에 앉고, 줄을 서면 다른 사람에게 자리를 양보합니다. 따라서 모든 사람들이 그들에게 신뢰감을 가지고 좋아하며, 그들이 곁에 있는 것만으로도 기분 좋게 느낍니다.

여기에서 재미있는 건 S타입의 모든 친절한 행동이 사람들의 호감을 사기 위한 것이 아니라는 점입니다. 즉 그들은 일부러 뭔가를 보여주는 게 아니라 그저 있는 그대로 살아갑니다. 즉 주변에 자기를 지켜보는 사람이 없다 해도 항상 진지하고 배려있게 행동합니다.

　S타입은 무엇보다 겸손한 성격이라 결코 '노'라고 말할 줄 모르며, 수줍음이 많아서 남의 눈에 띄는 것을 좋아하지 않습니다. 또 무언가를 말하려고 손을 드는 법도 거의 없습니다. 주목받기를 원치 않기 때문입니다. 그렇다고 해서 사람을 좋아하지 않는 것은 아닙니다. 그들도 사람 간의 관계를 소중히 여기지만, 그저 앞에 나서는 걸 싫어할 뿐입니다. 즉 재미를 만끽하고 즐기는 것은 좋아도 자신이 키 맨이 되는 것은 싫어합니다.

　연구결과에 의하면 우리 중의 30~35%가 S타입에 가깝다고 합니다. 이것은 S타입의 활동이 우리 사회에서 가장 필요로 하는 사람들이라는 사실을 고려해 볼 때, 적절한 비율일 것입니다. 그리고 요즘처럼 서비스 산업이 활성화되어 있는 상황에서는, S타입의 성격을 개발하려는 사람들이 점점 늘어나고 있습니다. 이들은 흔히 내성적이고, 수동적인 성격의 사람은 말수가 적고 이타심이 강한 경우가 많은데, 대개 타인에게 조언이나 개별적인 도움을 주려고 노력합니다. 그렇다면 이런 성격의 사람과 라운드를 할 때는 어떻게 대화를 이끌어야 할까요?

　때로 S타입은 무슨 생각을 하고 있는지 판단하기가 어려울 때가 있습니다. 당신의 질문에 시원치 않은 반응을 보인다면 개인적인 질문은 피하고 일상적인 대화만 하는 것이 좋습니다. 그 골프장의 역사나 코스 공략법에 대한 것도 좋습니다. 또, 그가 실수를 했을 경우에는 명랑하게 반응하여 그 게임이 생기를 유지할 수 있도록 해야 합니다.

만약 자신의 골프 실력이 상대방보다 낫다면 그 라운드가 상대에게 스트레스를 줄 수 있다는 것을 이해하고, 골프가 아닌 다른 대화를 함으로써 압박감을 해소시켜 주는 것이 좋습니다. 그의 샷의 좋은 면을 칭찬해서 용기를 주고, 항상 겸손함을 유지하도록 합니다.

6. 심사숙고형 C타입과 골프하기

C타입은 기본적으로 주어진 지시사항을 철저히 준수합니다. 또한 잘 나서지도 않고 그룹의 리더가 되고 싶어 하지도 않습니다. 대체로 그들은 맡은 일이 위험하지만 않으면 지시사항을 지키면서 즐거운 시간을 보내면 그것으로 만족합니다. 또한 자존심이 세서, 남을 보고는 웃어도 자신을 우스갯거리로 만드는 것을 지독하게 싫어합니다. 그들은 자신의 공적을 내세우지는 않지만, 무언가 잘못이나 책임을 뒤집어씌우려 하면 분노를 느끼고 함께 망하려 들게 됩니다.

인내심이 강하고 성실한 C타입은 퀴즈 맞추기나 낱말 퍼즐 등을 즐깁니다. 사물을 질서 안에 놓는 것을 중요시하고 세심한 것을 좋아하기 때문입니다. 또 그들이 정확한 것을 좋아하는 것은, 자신이 남보다 우월하다고 생각해서가 아니라 단지 올바른 존재가 되기를 즐기기 때문입니다. 실제로 C타입은 대개 어떤 주제에 대해서든 올바른 시각을 갖고 있습니다.

그렇다면 이처럼 바늘도 안 들어갈 것 같은 C타입과는 어떻게 라운드를 해야 할까요?

철저한 현실주의자이기도 한 C타입은 경기에서도 요모조모 따지기를 좋아합니다. 자신의 생각을 함부로 드러내지 않기 때문에 비록 말은 하지 않아도, 비즈니스 이야기를 하는 동안에도 이들은 홀과의 거리를 재고 바람의 방향을 봅니다. 또 경기를 하는 와중에도 비즈니스 이야기를 어떻게 끌어갈지를 고민하고 당신의 성향을 파악합니다. 이는 C타입의 특징이기 때문에 이를 오해해서 받아들일 필요는 없습니다. 다만 정확한 것을 원하는 상대에게는 정확하게 대해주는 것만이 능사입니다. 따라서 자존심이 센 C타입과 경기를 즐기려면, 무엇보다도 규칙을 엄격하게 지키고 좋은 매너를 보여줄 필요가 있습니다.

재미있는 골프 이야기 - ⑤ 필드는 무한대의 가능성을 펼치는 무대다

한쪽 팔로 골프채를 휘두르는 골퍼, 의족을 한 채 라운드하는 골퍼, 휠체어를 타고 페어웨이와 그린을 누비는 골퍼가 있습니다. 이 모두는 골프이기에 가능합니다. 폴 에이징어는 끊임없는 도전 정신으로 암을 정복하고 지금도 필드에서 활약하고 있습니다. 존 댈리 역시 알코올 중독으로 손가락질 대상이 됐지만 골프를 통해 새 삶을 찾아 장타자들의 우상이 됐습니다.

이렇듯 골프는 인간에게 안락한 초록색 행복을 주는가 하면 코스 곳곳의 핸디캡으로 시련을 안기기도 합니다. 라운드를 통해 행복과 시련, 희망과 감동, 심지어 기적까지 체험할 수 있는 게 골프입니다.

올해 마스터스골프대회에서 우승한 잭 존슨, 그리고 최경주는 모두 보잘 것 없는 작은 마을에서 태어나고 자란 소년들이었습니다. 하지만 잭 존슨은 신만이 챔피언을 점지한다는 꿈의 무대에서 우승했습니다. 또한 최경주는 한국인 최초로 미국의 남자골프 정상에 올라 자라나는 꿈나무들에게 무한한 가능성을 선사했습니다.

이처럼 골프에는 항상 예기치 못한 일들이 숨어 있습니다. 반드시 좋은 일만 있는 건 아니며 위기와 시련도 함께 다가옵니다. 하지만 온갖 고난을 극복하고 마지막 홀에서 환한 웃음을 지을 수 있는 것도 골프입니다. 누구나 골프만의 감동과 기적을 체험할 수 있습니다. 홀인원을 통해 강한 삶의 희망을 새로 다진 위의 두 사람처럼 말입니다.

〈출처-레저신문〉

제 5 장

상대방을 사로잡는 라운드 대화법

I. 당신의 표정은 어떤 타입일까?

혹시 골프를 딱딱하고 경직된 운동이라고 생각해왔다면 이제는 골프에 대한 생각을 바꿔볼 때가 된 것 같습니다. 사실 많은 이들이 골프는 절제와 미덕, 규칙의 운동이라는 고정관념을 갖고 있습니다. 라운드 중에는 자신을 절제하고 숨겨야 한다고 생각하는 것입니다. 그러나 최근의 골프는 과거와는 상당 부분이 달라졌습니다. 아직까지도 귀족적인 운동이라는 인식을 받으면서도, 일반인들도 쉽게 다가갈 수 있는 좀 더 일상적이고 편한 운동으로 바뀌고 있습니다.

예를 들어 굳이 비즈니스맨이나 부유층이 아니라도 일반 사람들도 골프의 즐거움을 누리고 있습니다. 복장도 많이 달라졌습니다. 시중에는 다양한 디자인의 옷들이 넘쳐나고, 선택의 폭도 넓어져 하나의 패션으로 자리 잡았지요. 그런가 하면 어릴 때부터 골프를 배우는 어린 골퍼들, 가정주부 골퍼들처럼 골프를 즐기는 계층도 다양해졌습니다.

골프의 대중화는 여러 단계를 거쳐 이루어졌습니다. 골프를 치는 사람들은 20년 전만 해도 일부 계층으로 정해져 있었습니다. 그들은 모두 신 귀족이라고 불리는 기업의 경영자들, 또는 정치인들이었습니다. 하지만 어느 순간부터 골프 경기가 생중계되고, 곳곳에 골프장이 들어서기 시작했습니다. 왠지 저 위쪽 사람들의 게임이라고 생각했던 골프가 이제는 하나의 취미 운동경기로서 많은 이들의 이목을 사로잡게 된 것입니다. 이 같은 골프의 대중화는 더 나아가 많은 이들의 비즈니스와 접목되어 더 큰 힘을 발휘하고 있습니다. 실력 차이가 더 이상 큰 문제가 되지 않는 지금, 골프는 하나의 비즈니스, 친목의 장으로 더 많은 매니아 층을 만들고 있는 것입니다.

실제로 축구나 야구 등을 보듯이 시간마다 골프 채널을 시청하는 이들도 늘고 있습니다. 그들은 그 생중계를 통해 필드를 생생하게 느끼고 선수들의 애환을 함께 느낍니다. 그리고 일희일비하는 가운데 인생사의 굴곡과 흐름, 또 골퍼로서 지켜야 할 매너들도 갖추게 됩니다. 우리는 텔레비전 중계를 통해 골퍼들의 실수들을 지켜보고, 그들이 단 한 번의 어이없는 실수로 몇 백 만 달러를 고스란히 잃는 모습을 바라봅니다.

그런데 이 같은 중계를 통해서, 또는 직접적으로 필드를 통해서 골프에서 배우게 되는 한 가지 중요한 사실이 있습니다. 바로 그릇된 경쟁심이 가져오는 결과입니다.

아무리 골프를 좋아하고 마니아를 자청하며, 또 비즈니스와 관계에 이를 잘 접목시키려 해도, 과도한 경쟁심은 결국 좋지 않은 결과를 불러옵니다. 심지어 프로 골퍼들조차 지나친 경쟁 심리에 사로잡혀 돈을 잃는 것은 물론, 매너가 꽝이라는 비평을 듣곤 합니다. 하물며 아직까지 골퍼가 가져야 할 심리적 배움을 마치지 않은 상황에서 그런 경쟁심을 느끼는 아마추어들에게는 필드 자체가 두렵고 긴장된 장으로 느껴질 수도 있겠습니다.

여기서 한 가지 알아야 할 점은 골프는 승부 이전에 관계와 배려의 경기라는 점입니다. 우리 머릿속에는 늘 잘 치고 싶다는 욕구로 가득 차 있습니다. 때문에 많은 골퍼들이 온 신경을 집중해서 경기를 합니다. 그러나 이처럼 경쟁에서 이기려는 욕망이 강해지면, 골프를 매개로 하는 인간관계에 좋지 않은 영향을 미칩니다.

그전까지는 웃고 떠들다가도 필드에만 들어서면 얼굴이 딱딱하게 굳어지는 사람들이 있습니다. 그들에게는 이미 많은 대화나 배려를 기대할 수 없습니다. 그들은 얼굴을 붉히고 시도 때도 없이 이마의 땀을 닦고, 소리를 치거나 심지어는 필드를 쿵쿵 치기도 합니다. 가끔은 실력자들이 그런 경우도 보게 되는데, 그럴 때면 실력과 인품은 상관이 없다는 말을 새삼 느끼게 됩니다.

우리는 대인관계에 대해 많은 배움을 겪으며 살아갑니다. 대인관계도 어쩔 수 없이 소통인 만큼 자신의 개인적인 특성을 이해한 뒤, 임시적으로나마 나의 반쪽인 상대의 성격을 분석하고 배려해야 합니다. 그런데 라운드 내내 얼굴을 찌푸리고 있는 사람을 보면 어떤 생각이 들까요?

당연히 배려하고 싶은 마음이 싹 사라집니다. 만일 그런 상황에서조차 웃으며 상대를 대할 줄 안다면, 그 사람이야말로 진정한 골퍼가 될 자질을 갖추고 있다고 하겠습니다. 그렇다면 늘 배려하는 쪽, 늘 배려를 받기만 하는 쪽, 당신은 어느 쪽입니까?

2. 호감받는 대화 방법

사람은 누구나 자신을 위주로 생각합니다. 스스로를 깊이 사랑하기 때문입니다. 실제로 전 세계적으로 가장 많이 사용되는 말이 무엇인가 조사해봤더니, '나'라는 단어라고 합니다. 그만큼 우리는 우리 스스로를 깊이 사랑하고 보호하려 듭니다. 또 그런 보호심리는 상대의 생각이나 말을 받아들일 수 없는 작동 불능 상태로 만들기도 합니다.

그렇다면 대인관계를 발전시키기 위해서 가장 먼저 해야 할 일이 무엇인지를 자연스레 알 수 있으리라고 생각합니다. 바로 '나'를 넘어 상대의 '나'를 고려하는 일입니다. 이를테면 상대에게도 상대의 '나'가 중요하다는 것을 인정해야 한다는 사실입니다. 그리고 이 점을 명확하게 인식하고 있으면, 내 위주로 이루어지는 대화들에서 비롯된 이기적인 대화 습관 등을 점검해볼 수 있습니다.

그리고 이런 대화법은 골프 라운드에서도 어김없이 발휘됩니다. 최근 들어 비즈니스 관계에서 골프가 많은 역할을 하고 있습니다. 그런데 비즈니스를 하러 가서는 자기 얘기만 떠들어대는 사람이 있습니다. 그럴 경우 그 비즈니스는 대개 반쪽짜리로 끝납니다. 비즈니스 라운드에서는 공을 얼마나 멀리 치느냐는 전혀 중요하지 않습니다. 적당한 긴장을 유지하며 상대를 파악하고, 그 사람과 비즈니스와 더불어 친밀감을 이끌어내는 게 목표가 아니겠습니까?

심지어 친구끼리 치는 우정 골프도 마찬가지입니다. 거기서 오직 이기려고만 든다던지 그간 쌓인 스트레스를 혼자서 마구 표출하는 사람은 좋은 대접을 받을 수 없습니다. 관계의 골프에서 중요한 것은 바로 상대를 이해하는 것입니다. 그리고 경쟁 상대임에도 함께 공을 치며 비슷한 지점을 바라볼 수 있는 공감의 능력입니다.

그리고 여기서 필요한 것은 실력도 물론 중요하지만, 정직성과 유머 등입니다.

실제로 골프 라운드에서는 감동적인 이해와 공감이 오고갑니다. 내가 아는 분 중에 S사장이 이런 얘기를 했습니다. 자신에게 빚을 진 친구가 있었다는 것입니다. S사장은 그 친구와 훌륭한 골프 친구로 오랜 시간을 함께 해왔습니다. 그리고 그 안에서 많은 신뢰를

쌓았다고 생각했는데 그 친구가 크지는 않은 돈이지만 빚을 지고 잠적하자 큰 배신감을 느꼈다는 것입니다.

그렇게 세월이 흘러 어느 날, 놀랍게도 그 친구로부터 전화가 걸려왔습니다. 사정은 전무하고 일단 함께 골프를 하고 싶다는 것이었습니다. S사장은 어이가 없었지만 일단 빌려준 돈이라도 받아보자는 심정으로 그곳으로 나갔다고 합니다.

필드에서 다시 만난 친구는 많이 지쳐보였습니다. 그가 막 한소리를 하려는데 친구가 "오늘은 일단 공이나 좀 치세."라고 말하는 순간, '그래, 화는 나중에 내지.' 라는 심정으로 꾹 참았다는 것입니다.

그런데 그렇게 몇 홀을 치고 나니 옛 생각이 많이 나고, 채무자의 입장에서 벗어나 어느덧 옛 골프 동지처럼 느껴졌다고 했습니다. 그렇게 라운드를 돌면서 두 사람은 다시 웃고 이야기를 나누기 시작했습니다. 친구는 그간 있었던 사정, 자신이 S사장에게 얼마나 미안했는지를 숨김없이 천천히 이야기했습니다. 이야기를 듣는 S사장도 조금씩 친구의 이해할 수 없었던 행동을 용납하게 되었답니다.

그리고 라운드가 끝난 뒤, 친구가 S사장에게 말했습니다.

"아직 다 갚지는 못하겠지만, 일부를 가져왔네. 일단 받아두게. 아무리 내가 믿어 달라 해도 저지른 죄가 있으니 자네가 믿지 못하리라는 걸 알았네. 그래서 이렇게 자네가 기억하는 내 진짜 모습을 보여주고 싶었어."

그 순간 S사장은 그동안 자신이 이 친구에게 가져왔던 배신감과 미움이 순식간에 사라지는 것을 느꼈다고 합니다. 그리고 더디긴 했지만 S사장은 이후 그 친구로부터 모든 금액을 순차적으로 돌려받았습니다. 그리고 지금도 두 사람은 가장 좋은 골프 친구입니다. 즉 그 친구는 돈도 잃고, 친구도 잃는 길을 피해, 함께 했던 라운드 대화 속에서 친구를 얻을 수 있었던 것입니다.

실제로 골프는 대화하기에 좋은 게임입니다. 활기찬 움직임 사이사이로 찾아드는 조용한 정적과 집중은 무엇보다도 마음을 차분히 가라앉혀 분노까지도 사그라 들게 합니다. 그러나 그 골프의 참맛을 아는 사람들은 그리 많지 않습니다.

여기서 S사장과 그 친구는 효과적인 대화 방법을 잘 알았던 것으로 보입니다. 아마 함께 해온 시간도 있었겠지만, 그처럼 잘 맞는 골프 친구인 것을 보면 개인적인 사고의 틀을 깨고 서로를 이해하려고 노력한 시간이 길었을 것입니다. 사실 대화라는 것은 부단한 과정과 시간 속에서 이루어집니다. 태어날 때부터 대화를 잘하는 사람은 단언컨대 없습니다.

이는 골프 스윙에서도 마찬가지입니다.

스윙을 잘하려면 기초적인 것부터 배워서, 반복적인 연습을 해야 합니다. 또 많은 대학들과 회사들에서 대인관계를 발전시키는 데 필요한 기술을 가르치고, 비즈니스 협상과 세일즈에 필요한 좀 더 고차원적이고 효율적인 대화전략을 가르칩니다. 그리고 이를 위해 대부분의 회사에서는 해마다 엄청난 액수의 돈을 직원들에게 투자합니다.

만일 골프를 비즈니스의 수단으로 이용하고 싶다면, 대학이나 기업에서 배운 효율적인 대화전략을 실전에 적용시켜보는 것도 좋은 방법입니다. 조용히 대화를 나눌 수 있는 골프의 특성이 적절한 대화법을 만나면 비즈니스 관계의 폭도 비약적으로 확장될 것입니다. 사실 우리가 사는 사회는 결코 만만하지가 않습니다. 언제나 감정적으로 부딪치고 화해하고, 비온 뒤에 땅이 굳듯이 더 발전적인 관계로 나아갑니다. 그것이 아니면 그 충돌이 화를 불러오기도 합니다.

관계의 핵심은 바로 이 대화에서 이루어집니다. 다른 사람을 잘 이해하고 자신의 입장을 올바르게 이해시켜야 할 필요성이 과거 어느 때보다 커졌다는 뜻입니다. 가끔씩 당신은 누군가를 만나고 와서 이런 생각을 해봤을 것입니다. '어떻게 하면 대화를 좀 더 잘할 수 있을까?', '어떻게 하면 오해를 받지 않으면서 내 입장을 밝힐 수 있을까?', '어떻게 하면 내 이미지를 향상시킬 수 있을까?'

아마 그 해답은 여기에 있을 것입니다. '어떻게 하면 다른 사람의 말을 잘 듣고, 또 잘 이해할 수 있을까?' 사실 좋은 대화법은 다른 것이 아닙니다. 그저 상대방의 이야기를 잘 듣기만 하면 되는 것입니다.

재미있는 골프 이야기 - ⑥ 골프에서 배우는 경영 마인드

흔히 골프도 경영이라고 말합니다. 특히 비즈니스를 위한 비즈니스 골프에서는 경영마인드가 반드시 필요합니다. 여기 몇 가지 골프와 연관된 경영 테크닉을 소개합니다. 비즈니스 골프뿐만 아니라 하나의 사업 운영이라고 할 수 있는 골프의 시작과 끝과도 큰 관련이 있는 만큼 숙고해서 읽어보도록 합시다.

① 블루오션

북적대는 골프장보다는 다소 시설은 떨어져도 한가하고 여유로운 골프장을 찾아봅시다. 여기서는 타인의 시선 때문에 불필요한 긴장을 느낄 필요가 없기 때문입니다. 또한 아무도 치지 않는 샷에 도전하고, 그 위험성을 가능성으로 만드는 것도 좋습니다. 이를테면 워터 헤저드가 나타나는 쪽으로 공을 쳐보는 것입니다. 어려운 샷인 만큼 성공했을 때의 기쁨 또한 클 것입니다.

② 벤치마킹

유명한 프로 선수들은 물론, 나보다 잘 치는 사람을 만났을 때는 그들의 경기 방식을 살피고 따라해 봅시다. 연구하고 따라해 볼수록 부족했던 실력도 늘 수밖에 없습니다. 무엇보다 모르는 것을 물어보는 것을 부끄러워해서는 안 됩니다.

③ 지속 집중 경영

비가 오나 눈이 오나, 일단 필드에 들어섰다면 아무리 폭우가 몰아쳐도 끝까지 경기에 임할 수 있는 집중력이 필요합니다. 해가 떨어졌다면 라이트 시설을 이용하더라도 시작한 경기는 끝을 보는 자세가 필요합니다.

④ 감성경영

경기에 집중하는 틈틈이 좋은 샷이 나오면 "나이스 샷!, 굿 샷!"이라고 외치는 여유가 중요합니다. 또한 가끔은 좋은 샷이 나오면 스스로 흐뭇해 하고, 실수를 했을 때는 "이런!" 하고 아쉬운 감탄사를 외쳐보는 것도 좋습니다. 무조건 집중만 하다 보면 긴장이 돼서 실수를 하기 쉽습니다. 가끔씩은 내 감정을 표출하고 흥을 돋워 봅시다.

⑤ 지식경영

골프는 몸으로 하는 것이지만 결국 지식도 중요합니다. 골프와 관련된 책자를 열심히 읽고 여러 사람들의 사례들도 틈날 때마다 살펴봅시다. 중계방송을 보는 것 또한 중요합니다. 골프 역시 아는 만큼 보인다는 점을 기억합시다.

⑥ 혁신경영

자신이 제일 잘 할 수 있는 스윙을 하는 것도 중요하지만, 가끔은 해오던 습관을 버리고 새로운 스윙과 필드를 시도해보는 것도 중요합니다. 혁신은 항상 예기치 못한 결과를 가져다줍니다. 도전을 두려워하지 말고, 더 나은 라운드를 위해 끊임없이 혁신하는 자세가 필요합니다.

⑦ 인재경영

골프는 인간관계의 스포츠인 만큼 동반자가 중요합니다. 만일 당신과 평생 골프 파트너가 될 수 있는 사람을 만났다면 그 사람은 당신에게 그 무엇보다도 소중한 사람임을 명심하고, 항상 동반하는 사람을 유심히 살피고 배려합시다. 언젠가는 그 사람과의 골프 경기를 보물처럼 여기게 될 날이 올 것입니다.

〈출처-에이스 골프〉

3. 칭찬의 미학

스스로가 잘났다고 생각하는 사람, 타인에게 거만한 사람만큼 골프 상대로 불편한 사람이 없습니다. 그런 사람들은 일상생활에서뿐만 아니라 골프장에서도 자신의 그런 습성을 고스란히 드러냅니다. 그들은 오직 자기 볼에만 관심이 있고, 자기 샷에만 집중합니다. 그런가 하면 공이 클럽 페이스에 맞기 전부터 불평하기 시작하며, 자신이 친 공이 OB지역으로 나가면 골프장 설계에 오류가 있다고 합니다. 카트 도로가 잘못 되어 있다던지 OB라인이 잘못 되어 있다고 생각합니다. 중요한 것은 어떤 골프장에 가든 이런 사람은 꼭 한두 명씩 있게 마련이라는 점입니다.

물론 우리는 어느 정도 자기도취를 가집니다. 또 그런 자기도취가 없이는 성취를 이뤄낼 수 없기도 합니다.

그러나 이 같은 지나친 자아도취는 주변 사람들을 불편하게 할

뿐만 아니라 그 경기의 질을 하락시킵니다. 게다가 다른 골퍼들로 하여금 짜증이 나게 만들기도 하지요.

그들은 대개 칭찬받기를 원하고 자신의 모든 행동을 타인들이 주목해주기를 바랍니다. 당연한 것인지도 모르겠지만 상당한 실력자나 자산가들 중에 특히 이런 유형이 많습니다. 그래서 많은 이들이 이들을 달래기 위해 칭찬을 하고, 또 이 사람들은 그것을 진실이라고 받아들이고 더 오만해집니다. 그야말로 칭찬의 악순환인 셈입니다.

그러나 진정한 칭찬이란 무엇일까요?

상대 골퍼가 나보다 실력자라고 해서, 또는 자산가라서 비즈니스에 도움이 되니, 무작정 칭찬을 해주는 것은 사실상 의미가 없을 뿐만 아니라 칭찬의 악순환을 부추기는 꼴이 됩니다. 또한 칭찬받는 사람도 사실은 그 칭찬이 진심에서 우러나온 것인지, 아니면 그저 겉치레인지 충분히 구분할 정도의 지각력을 가집니다. 실제로 아무 때나 튀어나오는 칭찬은 전혀 가치가 없습니다. 매번 샷마다 "아, 굿 샷입니다!"라고 외치는 사람이 있다고 칩시다. 그 칭찬은 물론, 이후 비즈니스를 할 때도 그 사람을 믿을 수 있겠습니까?

예로부터 "정말 잘 가르치는 스승은 칭찬하지 않는다."는 말이 있습니다. 그들은 제자들에게 절대로 칭찬을 건네지 않습니다. 그러면 제자들은 스승의 패턴을 학습해, 나중에는 스승이 그저 고개만 한번 끄덕여줘도 힘을 얻고 공부에 정진하게 됩니다. 물론 골프와 공부와는 다르고, 완전한 스승도 완전한 제자도 없는 별개의 분야지만 이 이야기는 칭찬의 본질과 중요성, 그리고 가치를 보여주는 적절한 사례가 아닐까 합니다.

그렇다면 올바른 칭찬이란 과연 무엇일까요?

일단 칭찬은 있는 그대로의 사실에서 출발해야 합니다. 즉 베스트 샷을 쳤을 때, 눈에 띄는 발전이 보일 때, 그에 대해 모두가 수긍할 수 있는 칭찬이어야 합니다. 칭찬하는 사람 외의 주변 사람들이 보기에는 터무니없는 칭찬이라면 그것은 아첨에 불과합니다. 또 눈에 보이는 사실을 칭찬받아야 듣는 사람도 기쁘고, 눈에 보이는 사실을 확인한 것에 불과하니 오만한 마음도 가지지 않게 됩니다.

또한 칭찬은 상대에 대한 따뜻한 마음에서 우러나야 합니다. 칭찬이란 인간을 움직이게 하는 원동력입니다. 진심 어린 칭찬을 받은 사람은 설사 그 사람이 오만한 사람일지라도 감동을 느끼게 됩니다. 또 그 사람이 절대적으로 그릇된 인품을 가진 사람이 아니라면, 오히려 그 칭찬 속에서 자신의 잘못을 발견하고 그것을 고치려

들 것입니다. 사실 오만함은 누구나 빠질 수 있는 함정인 만큼, 벗어나기 또한 불가능한 것은 아니기 때문입니다.

마지막으로 칭찬받기보다는 칭찬하는 쪽을 좋아하는 사람이 되어야 합니다. 사실 칭찬을 받으려고 애쓰는 사람들의 행동에는 과장이 많습니다. 그런 사람들에게는 특히 비즈니스 관계에서는 신뢰가 가지 않습니다. 그러기보다는 오히려 적절한 칭찬으로 상대를 북돋워주는 비즈니스 칭찬 형 사람이 되는 쪽이 낫습니다.

칭찬은 이처럼 좋은 상황, 좋은 그릇에 담을 때 진정한 가치를 발휘합니다. 골프는 본디 사람들의 작은 특성까지도 면밀하게 보여주는 경향이 있습니다. 따라서 경기하는 사람에 따라 매우 천박해질 수도, 고상해질 수도 있습니다. 그리고 상황에 따라 적합하게 어떻게 반응하느냐에 따라 발전시키려고 하는 인간관계에도 큰 영향을 미칠 수 있습니다.

당신은 얼마나 잘 칭찬하는 사람입니까? 혹시 당신은 칭찬을 듣기만 원하는 쪽은 아닙니까?

4. 유머가 넘치는 대화법

미국 역사상 가장 위대한 대통령인 에이브러햄 링컨은 책을 사랑한 사람이었습니다. 그는 "한 나라의 대통령께서 위기의 순간에 저런 책들을 읽고 있다니 정말 이해할 수 없다."는 전쟁부 장관이자 측복인 스탠턴의 불평 속에서도, 정치적 위험이 닥친 순간이면 늘 손에서 책을 놓지 않았습니다. 심지어 두 번째 대통령 선거의 결과를 기다리면서도 그는 책을 읽으며 웃고 좋아하는 구절을 몇 번이나 되풀이해 읽었습니다.

그리고 그가 아끼는 책 중에는 페트롤리움 V. 네스비(Petroleum V. Nasby)의 책이 있었습니다. 그 책은 다름 아닌, 그 시절 실시간으로 발간되는 유머집이었습니다. 대통령과 유머집이라니 무언가 기이한 생각이 들 수도 있습니다.

또한 그는 어렵거나 위험 부담이 큰 정책을 설명할 때나, 상대가 수긍하기 어려울 만한 이야기를 할 때는 늘 평범한 사례를 들어 재미있게 이야기를 진행해갔습니다. 그리고 이 같은 링컨의 낙천성과 유머는 각료들에게 깊은 인상을 남기며 그 난국 속에서도 긍정성을 심어주었고, 결국 분열된 내각을 재집결시키고 남북전쟁을 승리로 이끌고 노예를 해방하는 데 적지 않은 역할을 했습니다.

사실 이 세상에는 수많은 스포츠들이 있습니다. 그중에 골프는 경기를 하는 사람의 모든 것을 여과 없이 보여 주는 아주 특별한 스포츠입니다. 골프가 대인관계에 이용되는 이유도 바로 이 때문입니다.

실제로 골프를 하다 보면 말 그대로 '별의 별 사람들'을 만나게 됩니다. 처음에는 호감이 없었는데 치다 보니 '이 사람, 참 대범한 양반이군.'이라는 생각이 들게 하는 사람이 있는가 하면, 처음에는 좋았는데 치다 보니 왠지 꺼려지는 사람도 있습니다. 하지만 라운드를 하는 동안만큼은 이 모든 대인관계를 잘 이끌어 나가는 일이 중요합니다. 일단 시작한 경기는 끝을 잘 마무리해야 하고 무엇보다도 그것이 비즈니스 골프라면 더더욱 그렇습니다.

따라서 이때 필요한 것이 바로 유머 감각입니다. 유머는 아무리 경계심 강한 사람도 무장해제시키는 마력이 있습니다. 실제로 어떤 일을 추진하려 할 때, 그 일을 반대하는 사람들을 웃게만 만들 수 있다면 뜻을 이룰 수 있다는 말도 있지 않습니까? 즉 어떤 사람을 만나게 될지 모르는, 대인관계를 위한 골프에서 유머 감각은 반드시 필요한 조건입니다.

만일 같이 치는 사람이 생각만큼 훌륭하지 못하고 라운드에서도 비인격적인 모습을 보여준다고 칩시다. 이때 유머는 그 사람으로 인해 경직된 주변 분위기를 풀어주어 경기를 무난하게 이끌어가도록 도와줍니다. 또한 비즈니스 관계에서의 골프라면 사업상 이야기까지도 큰 경계심과 무리 없이 꺼낼 수 있는 바탕을 마련해 줍니다.

그런가 하면 좋은 경기일 때도 유머는 도움이 됩니다. 좋은 분위기를 더 좋게 만들어, 다음번에도 당신을 부르고 싶어 하는 이른바 '동지'들을 만들 수 있기 때문입니다. 즉 유머 감각은 언제 어디서나 유용한 사용이 가능하되, 타이밍과 상황에 맞춰 잘 사용하는 것이 중요합니다.

하지만 유머 감각은 무조건적으로 발휘한다고 해서 나오는 것이 아닙니다. 기본적으로 유머는 안정적인 심리 상태와 자신감, 여유에서 비롯됩니다. 다급한 성격의 사람들 치고 유머 있는 사람들이 적다는 사실을 생각해보면, 이 점을 쉽게 이해할 수 있을 것입니다. 그런 의미에서 일단 유머는 '이것은 그냥 한 번의 게임일 뿐이다.'라고 편하게 생각하고, 즐거운 시간을 보내는 데 최선을 다하는 사람의 것입니다.

또한 비즈니스 골프에서는 개인보다는 팀의 분위기가 우선이므로, 설사 그가 마음에 안 들더라도 압박감을 주지 말아야 합니다. 오히려 그 안에서 분위기를 부드럽게 이끌고 마찰을 최소화하는 쪽으로 이끌다 보면 좋은 결과를 얻어낼 수 있습니다. 사람이라면 누구나 이기기를 원하는 성향이 있으므로, 때로는 그런 마찰도 있다는 점을 염두에 둔다면 필요 이상으로 화를 내거나 유머 감각을 잃는 일을 방지할 수 있는 것입니다.

즉 유머는 단순한 우스개 소리가 아니라 나보다는 상대에게 관심을 갖고, 상대의 마음이 상하지 않도록 격려하는 일의 일종입니다. 만일 스스로 유머 감각을 완벽하게 터득하기에 부족하다고 생각된다면, 간단하고 재미있는 농담을 몇 가지쯤 알아 두는 것도 나쁘지 않습니다. 그룹이 앞 팀의 샷을 기다리거나 다음 홀로 넘어가는 중이라면 농담으로 화기애애한 분위기를 만들 수 있기 때문입니다.

실제로 이런 행동은 사람들과의 관계를 개선하는 데 좋은 효과를 냅니다. 그러나 질이 낮은 농담은 가급적 삼가는 것이 좋으며, 적절한 타이밍을 맞추는 것이 좋습니다. 아무 때나 남발하는 질 낮은 농담은 좋은 인상보다는 부정적인 인상을 남기기 때문입니다.

또한 여기서 가장 중요한 것은 태도입니다. 실력이나 상대방의 성격에 상관없이 골프의 규칙과 에티켓만 잘 지키며 웃음을 잃지 않는 것입니다. 한번 생각해 봅시다. 라운드를 하게 되면 일단 여러 시간을 다른 플레이어들과 같이 움직이게 됩니다. 그 시간 동안 그들은 당신에 대해 평가 - 믿을 만한가, 공정한가, 다혈질인가, 말이 많은가, 쉽게 포기하는 사람인가 - 를 내리게 됩니다.

당신이라면 어떤 사람과 함께 사업을 하겠습니까? 무뚝뚝하고 자기중심적인 사람을 택하겠습니까? 아니면 적재적소에 웃고 적재적소에 사람을 이끌 줄 아는 유머 감각 있는 사람을 택하겠습니까?

선택은 당신만이 할 수 있을 것입니다.

5. 표현하지 않아도 내 마음을 알아줄까?

사람의 마음은 가벼이 내보일 수도 있지만 본질적으로 제각각 다르기 때문에 말을 하지 않는다면 다른 사람도 내 생각을 알 도리가 없습니다. 또한 마찬가지로 다른 사람의 말을 듣지 않는다면, 그의 생각 또한 결코 알 수 없습니다.

하지만 여기서 중요한 것은 상대방의 말을 경청하고 이해하도록 노력하는 동시에, 그의 말뿐 아니라 행동에도 관심을 가져야 한다는 점입니다. 왜냐하면 행동 역시 말만큼이나 상대의 많은 부분을 보여주는 제2의 언어이기 때문입니다.

앞에서도 잠시 언급했듯이 골프는 나와 상대의 습관과 생각들을 여지없이 드러내는 스포츠입니다. 물론 이 사실이 조금은 신경 쓰일 수도 있겠습니다. 혹시나 내 단점을 드러내지는 않을까, 상대방의 나쁜 점을 보게 되지는 않을까 걱정이 될 수 있기 때문입니다.

하지만 서로의 장단점을 공유한다는 것은 어떤 면에서는 관계의 진전을 불러옵니다. 그 바탕이 비열하지 않는 한 어떤 단점들은 오히려 인간적인 면모를 보여주기도 합니다.

그렇습니다. 골프를 통해 다른 사람과 즐거운 시간을 보내면서 관계를 개선해 나가는 것은 그 자체로 기쁜 일입니다. 함께 라운드를 하면서 서로 허심탄회한 모습을 보이고, 속내를 털어놓을 수 있다니 얼마나 멋진 일입니까?

하지만 이 함께 하는 몇 시간 동안 서로에 대해 많은 것을 알려면 몇 가지 기술을 익혀야 할 필요가 있습니다. 지금부터 이에 대한 간단한 방법을 소개할까 합니다.

거울 운동법이란 연습이 있습니다.

이 거울 운동법은, 다른 사람의 행동을 거울처럼 똑같이 따라하는 것으로 아주 간단합니다. 말 그대로 거울을 보고 그대로 행동하면 됩니다. 예를 들어 상대방이 턱을 괴거나 다리를 꼬고 앉으면 당신도 같은 자세를 취하면 됩니다.

골프에서는 이를 적용해서, 동반한 사람이 티잉그라운드에서 티샷을 하기 전에 공을 닦는 것을 좋아한다면 당신도 똑같이 하면 됩니다. 또 동반자가 스포츠나 가족에 대해 얘기하는 것을 좋아한다면 당신도 그것에 대해 이야기합니다. 그렇게 하다 보면 상대와 당신은 동질감을 느끼게 되고, 긴장감도 눈 녹듯 사라질 것입니다. 다음은 골프 비즈니스에서 원만한 커뮤니케이션을 위해 꼭 지켜야 할 사항들입니다.

- 어떤 상황에서도 규칙을 준수하라.
- 사전에 상대의 핸디캡을 파악하라.
- 골프는 당신의 인간성을 드러내는 거울이라는 점을 기억하라.
- 골프 초대를 거절할 때는 상대의 기분을 고려해 정중하게 한다.
- 주위에 있는 모든 골퍼들을 배려하고, 상대의 샷에 항상 관심을 가져라.
- 라운드 계획을 세울 때는 언제, 어디서, 누구와 어떤 목적으로 갖는 것인가를 잘 생각해야 한다.
- 비즈니스 라운드에는 반드시 예약을 재확인해야 한다.
- 상대를 초대할 때는 가능하면 그가 티타임을 결정할 수 있도록 배려하라.

- 그룹의 인원을 채우기 위해 누군가를 초대할 때는 고객과의 관계에서 다리 역할을 해줄 수 있는 사람을 초대하는 것이 좋다.
- 항상 친절하고 예의바르게 행동하되 당신의 궁극적인 목적이 무엇인지를 잊지 마라.
- 비즈니스 라운드 후에는 알맞은 뒷마무리가 필요하다.
- 그룹의 인원을 채우기 위해 누군가를 초대할 때는 매우 신중해야 한다.
- 골프장의 프로와 직원들을 미리 알아 두면 라운드가 한층 더 즐거워질 것이다.
- 철저한 준비는 당신의 라운드를 더욱 의미 있는 시간으로 만들어 줄 것이다.
- 첫인상이 중요하므로 옷차림에 신경을 써라.

비즈니스 골프에서의 목표는 강한 유대감을 형성해 상대와 관계개선을 유도하는 것입니다. 즉 이때는 긴장과 이기심을 풀고 상대에게 최대한의 관심을 가지며 그를 기분 좋게 리드해야 합니다. 이를 위해서는 상대방의 취미나 관심사를 미리 파악하는 것도 큰 도움이 됩니다. 또한 좋은 관계를 억지로 이끌어낼 필요는 없지만, 최소한의 상호이익은 늘 잊지 말아야 합니다.

대화를 나눌 때 가장 중요한 것은 공통적인 관심사라는 것은 모두들 잘 아는 사실일 것입니다. 하지만 상대와 나 사이에 너무 큰 거리가 있어 좁히기 힘들 때, 바로 '자기 표현법'이 필요합니다. 앞에서도 말했듯이 말하지 않으면, 상대는 내게 아무 호기심도 관심도 느낄 수 없습니다. 즉 상대와 이야기 거리가 마땅치 않을 때는 상대에게 나에 대한 정보를 알려 호기심을 이끌어내고 공유할 수 있는 지점을 찾아야 합니다.

물론 그 수위는 조절이 필요합니다. 즉 주고받는 대화의 시간이 나와 상대가 4 : 6 정도가 되면 원활한 대화라고 볼 수 있습니다. 즉 내 이야기를 너무 줄기차게 하면서 모든 정보를 알려주려고 하기보다는 상대의 반응에 맞춰 적절한 템포로 이끌어가는 것이 중요합니다. 탁월하지 못한 연설가는 군중들의 박수에 이성을 잃고, 자신의 이야기를 멈춰야 한다는 사실을 잊어버립니다. 그런 연설은 곧바로 외면을 받습니다. 마찬가지로 대화에서도 내 이야기를 하는 것은 본질적으로 상대의 이야기를 이끌어내는 것에 초점을 맞춰야 한다는 점을 기억해야 합니다.

사람은 깊이 들여다보면, 사실상 비슷한 내면을 가지고 있습니다. 모두가 제각각 다르다 하더라도, 아예 다른 환경에서 다른 생각으로 성장하고 살아왔다 해도, 잘 이끌어내기만 하면 함께 할 수 있는 부분을 반드시 찾아낼 수 있습니다. 즉 함께 맑은 하늘을 바라보며 행복해할 수도 있고, 함께 슬퍼하며 나락으로 떨어질 수도 있습니다.

이때 기쁜 부분을 공유할 것인가, 슬픈 부분을 공유할 것인가를 결정짓는 것이 바로 대화의 기술입니다. 어떤 사람과는 말만 나눠도 화가 나는 경우가 있습니다. 그럴 때 우리는 상대를 탓하지만, 어떤 면에서 그것은 내 잘못이기도 합니다. 함께 공유하는 지점을 밝은 곳으로 맞추는 기술이 나 역시 부족하기 때문입니다. 또한 내 솔직한 심정을 표현하고, 상대에게 양해를 구하고 손을 내미는 기술이 부족하기 때문입니다.

대화의 방법에 따른 의사소통은 분명히 우리 자신의 개성을 인식시키는 데 중요한 요소입니다. 특히 골프 비즈니스에서 대화기법을 필요로 하는 이유는 그것이 상대에게 훨씬 편안함을 주기 때문입니다. 상대방이 당신에게서 비즈니스 이전에 인간적인 친밀감을 느끼게 된다면 당연히 거래 성사도 수월해집니다. 골프 라운드는 대인관계의 개선과 오랜 우정을 보장해 주는 최고의 보증수표라는 점을 기억합시다.

제6장

알고 치면 유쾌한 골프 이야기

I. 꼭 알아두어야 할 경기 방법

다른 모든 운동들에도 나름의 기술이 있고 운용이 있듯이 골프에도 여러 경기 방법이 있습니다. 여기서는 골프의 경기 방식을 알아두도록 합니다. 골프 경기의 방식은 크게 아래 두 가지로 나뉩니다.

① **스트로크 플레이(Stroke play)**

스트로크 플레이는 타수를 모두 합한 뒤에 그 수가 가장 적은 사람이 이기는 경기 방법으로, 총 스코어에서 핸디캡(Handicap)을 뺀 네트 스코어(Net Score)가 승부를 결정하게 됩니다. 아마추어 친선 경기를 보면 대다수 이 방법을 사용하는데, 이를 사용하는 경기를 언더 핸디캡 경기라고 부릅니다. 그런가 하면 총 스코어, 즉 스트로크 수의 합계(Gross)만으로 승부를 결정하는 경기는 그로스 경기, 또는 스크래치 경기라고 부릅니다.

② 매치 플레이(Match Play)

매치플레이는 총 스코어로 승부를 보는 게 아니라, 각자의 홀마다 승부를 겨루는 경기 방식입니다. 보통 인원은 4명까지가 좋습니다. 즉 4명 이하로 함께 라운드 하는 사람들이 서로 승부를 겨루게 되지요. 가끔씩 다른 조와 함께 경기를 하는 블라인드 경기도 있긴 하지만, 대부분은 축소시켜서 적은 수로 즐기고 있습니다.

이 매치 플레이에서 중요한 것은 실력의 균등함입니다. 그래서 대개 핸디캡이 비슷비슷한 사람들이 주로 선호하는데, 물론 실력에 차이가 나도 할 수 있습니다. 이것이 바로 '핸디캡 홀' 입니다.

다음은 매치 플레이에서 진행되는 여러 가지 방법들입니다.

첫째, 쓰리섬(Threesomes)

이것은 A 대 B+C의 경기 방법, 즉 1명의 플레이어가 다른 두 사람을 상대해서 벌이는 매치 플레이입니다. 각 편에서 각각 볼 한 개씩으로 플레이를 하게 됩니다.

둘째, 포섬(Foursomes)

A+B 대 C+D의 경기로서, 2명의 플레이어가 다른 2명을 상대하는 매치플레이로서, 각 팀마다 1개의 볼로 교대로 플레이

합니다.

셋째, 쓰리볼(Three Ball)

A 대 B 대 C의 경기. 3명의 플레이어가 각각 대항해 벌이는 매치플레이어로서, 각자의 볼로 플레이합니다.

넷째, 베스트볼(Best Ball)

A 대 B+C+D의 경기입니다. 1명의 플레이어가 2명 이상의 편과 대결하는 경기입니다. 각자의 볼로 플레이하여 그중에서 가장 좋은 타수를 그 편의 스코어로 정합니다.

다섯째, 포볼(Four Ball)

A+B 대 C+D의 경기. 2명의 플레이어가 다른 2명에 대해 벌이는 매치플레이로서, 각자의 볼로 플레이하고 그 중 가장 적은 타수를 그 편의 스코어로 정합니다.

2. 클럽의 종류와 기능

골프는 귀족적인 매너와 에티켓을 중시하는 보기 드문 게임 중에 하나입니다. 단순하게 몸을 움직이고 점수를 내는 것을 즐기는 대신 클럽 하우스를 중심으로 전개되는 사교의 장이기도 한 것입니다. 따라서 경기에 임하는 것 이상으로 골프를 시작하기 전과 후도 중요하게 생각해야 합니다.

이 중에 가장 기본적으로 고려해야 할 것이 바로 복장과 용품입니다. 굳이 비싼 것일 필요는 없지만, 단정한 차림새와 더불어 복장과 용품은 서로 통일성 있게 맞추는 것이 좋습니다. 실제로 골퍼는 패션으로 공을 친다는 말이 있을 정도로 골프 실력이 늘수록 옷 입는 법도 세련되어진다는 것을 느끼게 됩니다.

골프웨어는 최대한 같은 색이나 두 가지 색으로 통일하고 모자나 양말에 좀 다른 색으로 악센트를 주는 정도가 좋습니다. 가능하면 신발도 고려하면 좋을 것입니다.

　바람이 많이 불고, 기온이 낮은 겨울에는 윈드브레이커나 머플러 등을 취향대로 준비하는 것이 중요합니다.

　골프는 넓디넓은 필드에서 광활한 자연을 대상으로 이루어지는 경기입니다. 여기서 제일 중요한 것은 함께 라운드 하는 상대와 함께 이 상쾌한 느낌을 즐길 줄 아는 것입니다. 물론 플레이를 하다 보면 실력 차가 날 수도 있습니다. 하지만 자신이 초보자라면 배우는 자세를 갖추고, 중급자라면 가르치는 자세로 임하면 됩니다.

　즉 서로 서로 고마워하고 감사해하며 플레이, 그리고 마치고 난 뒤까지 고려해 서로에게 즐거운 하루를 선사하려는 마음가짐이 중요합니다.

　한편 마음가짐과 더불어, 무슨 일이든 시작하려면 그에 걸맞은 도구가 필요하게 마련입니다. 검도에는 좋은 죽도가 필요하고, 하이킹에는 자전거가 필요하듯이 골프에서 가장 중요한 것은 바로 클럽입니다. 이 클럽은 각자의 다양한 취향을 보여줄 뿐 아니라, 손에 꼭 맞아들면 무엇보다 큰 힘을 주는 경기 동료가 됩니다. 이번에는 골프 클럽의 종류와 기능에 대해 알아봅니다.

① 클럽의 종류

골프 클럽은 헤드가 나무로 만들어진 우드, 헤드가 금속제인 아이언 클럽, 그린에서 볼을 굴리는 퍼터로 나누어집니다. 우드는 장타를 날리기 쉬운 도구로서 가볍고 길며, 아이언은 목표 지점에 맞춰 멈추기 쉽도록 짧고 묵직합니다. 즉 우드 클럽은 낮게 쳐서 멀리 날리는 것이 목적이지만, 아이언은 높게 쳐서 백스핀을 걸어 목표 지점을 공략하는 것이 목적입니다. 2가지 다 번호가 높을수록 비거리가 짧은데, 클럽마다 표준 비거리가 정해져 있습니다. 하지만 이 표준 비거리에만 기대기보다는 클럽마다 자신의 비거리가 일정해지도록 연습을 하는 쪽이 실력을 키우는 지름길입니다.

② 클럽의 성능

클럽의 성능을 최대한 이용하려면 신장과 체중, 쥐는 힘 등 내 체형과 체력에 딱 맞아야 합니다. 사실상 클럽의 생명은 클럽을 휘두를 때의 스윙 웨이트에 있습니다. 즉 이 스윙 웨이트를 잘 재서 내게 맞는 것을 골라야 합니다. 실제로 휘둘러보아 가장 느낌이 좋은, 자신에게 맞는 클럽을 고르는 것이 가장 중요한 셈입니다.

클럽헤드에는 로프트와 라이, 풀 각도가 있어 탄도와 비거리를 규정합니다. 그중에서도 샤프트, 지면의 각도인 라이와, 볼이 날아가는 높이를 결정하는 로프트가 중요합니다.

③ 클럽의 세트화

클럽의 세트는 우드와 아이언을 합쳐 최고 14개 코스까지 가지고 나갈 수 있으므로 풀 세트 14개로 되어 있습니다. 그러나 처음부터 14개나 되는 클럽을 구분해서 사용하기는 힘듭니다. 이때 필요한 클럽은 7,8개 정도입니다. 고르는 방법은 각자의 기호에 맞추는데 하프세트로는 드라이버, 3번 우드와 아이언 5,7,9번과 샌드웨지, 퍼터 들 7개가 많이 쓰입니다. 이 가운데 몸에 맞는 것을 선택하면 됩니다.

④ 헤드 모양

클럽은 헤드 모양이 좋은 것을 선택해야 합니다. 거리가 잘 나는 우드인가, 볼을 높이 칠 수 있는 아이언인가는 모양으로 가릴 수 있습니다. 이때, 길이와 무게는 같아도 모양 때문에 차이가 나므로 헤드 모양이 중요합니다.

- 클럽페이스는 볼록면체가 잘 납니다.
- 클럽 헤드 뒤쪽에 붙인 것이 클수록 중량 효과가 커지므로 좋습니다. 백솔에 있는 것이 더 잘 납니다.
- 라이 각도는 수직에 가까운 것이 좋습니다. 너무 납작하면 치기 힘들게 됩니다. 이것은 임팩트 때 말려들고 방향성도 좋지 않습니다.
- 샤프트가 비스듬하게 들어가 있는 것은 좋지 않습니다. 샤프트에서 백의 테두리까지의 평행선은 2cm가 표준, 그 이상은 슬라이스, 훅이 나기 쉽습니다.
- 헤드의 토가 부푼 것이 좋으며 부풀지 않은 것은 납작하게 느껴져서 손을 내려서 어드레스하게 됩니다. 볼을 맞히기 힘들기 때문에 무리해서 대려는 버릇이 생기게 됩니다.
- 로프트는 많은 것이 좋습니다. 볼을 띄워 올려서 비거리를 내는 것이 좋습니다. 드라이버의 로프트를 10~11°로 하면 어드레스 할 때의 페이스가 잘 보여서 비거리가 잘 나게 됩니다.

3. 골프 에티켓/ 플레이/ 관전

골프는 에티켓의 게임입니다. 스코어 자체보다는 매너를 지키려는 노력 속에서 더욱 큰 빛을 발하는 게임이기도 합니다. 지금부터 골프의 기본 에티켓과 플레이를 하는 방법, 더 나아가 관전까지를 한눈에 살펴보도록 하겠습니다.

① 안전 확인(Safety)

일단 내 스윙을 하기 전에 혹시나 클럽의 범위 안에 다칠 만한 사람이 있는가. 혹은 내 스윙이나 스트로크 때문에 볼이나 돌이 튀거나 날아들어 누군가 다칠 만한 장소는 아닌가 살펴보는 배려가 필요합니다.

② 다른 플레이어에 대한 배려

 오너 플레이어는 상대방 또는 동반 플레이어가 티 업 하기 전에 플레이할 수 있습니다. 한편 플레이어가 볼에 어드레스하거나 볼을 치고 있는 동안에는 움직이거나 말을 하거나 볼 또는 홀의 근처, 플레이 선의 바로 뒤에 서서는 안 됩니다. 그리로 일단 도달거리 밖으로 나갈 때까지 볼을 쳐서는 안 됩니다. 또한 볼을 찾는 일이 쉽지 않을 것 같으면 후속 조에게 통과하도록 신호하고, 5분 이상 경과하지 않도록 주의해야 합니다. 그리고 후속 조가 패스해 볼의 도달거리 밖으로 나갈 때까지 플레이해서는 안 됩니다. 마지막으로, 플레이어는 한 홀의 플레이가 끝나면 즉시 퍼팅 그린을 떠나야 합니다.

② 코스의 보호(Care of the Course)

 벙커 플레이어는 벙커를 나오기 전에 자기가 만든 구멍이나 발자국을 모두 원상태로 돌려놓아야 합니다. 또한 디보트(Divot)와 볼 마크나 스파이크에 의한 손상, 스루 더 그린(Through the Green)에서 뜯겨진 잔디도 마찬가지로 밟아 놓아야 하며, 볼로 상처를 입힌 퍼팅 그린도 세심하게 돌려놓아야 합니다. 골프 신발의 스파이크 때문에 퍼팅 그린이 손상되었을 때도, 플레이 후에 수리해야 합니다.

또한 플레이를 하기 위해 깃대를 놓을 때 퍼팅 그린이 상하지 않게 주의해야 합니다. 이는 홀에서 볼을 빼낼 때도 마찬가지며, 특히 이때 퍼터를 짚어 그린을 상하게 하지 않도록 합니다.

③ 연습 스윙 주의하기

연습스윙을 할 때 디보트를 주의하고 특히 티잉 그라운드를 상하게 하는 일이 없어야 합니다.

④ 플레이

플레이는 무엇보다도 매너가 많이 적용되는 부분입니다. 최초로 지켜야 할 것은 약속시간이며, 라운드를 할 때 항상 공손해야 합니다. 다음은 라운드 시 지켜야 할 매너들을 간단하게 언급한 것들이니 항상 숙지하도록 합니다.

- 샷을 할 때는 늘 미리 준비를 해둔다.
- 자신의 플레이 속도를 알고 이를 타인에게 알려주되, 시간이 지체되면 정중히 양해를 구한다.

- 다른 플레이어들이 안전한 거리로 이동할 때까지 플레이를 멈춘다.
- 어떤 일에도 감정을 절제하고 상대를 배려한다.
- 상대방이 플레이 할 때는 늘 조용히 숨을 죽인다.
- 좋은 보조자인 만큼 캐디에게 항상 친절하게 대해야 한다.

⑤ 관전하는 법

플레이를 하는 사람만큼이나 갤러리 역시 그에 맞는 품격을 갖춰야 합니다. 자칫 시끄러운 구경꾼이 되어 경기를 망쳐버리는 경우도 흔히 보게 됩니다. 다음은 갤러리로서 지켜야 할 매너를 언급한 것이니 늘 숙지하도록 합시다.

- 정장 차림이 아닌 골프화나 운동복 차림으로 입장하는 것이 예의다.
- 선수들이 스탠드를 취할 때나 스트로크 할 때는 움직이지 말고 조용히 해야 한다. 이것저것 훈수를 놓는 것은 그야말로 적절하지 않다.
- 촬영을 할 때는 경기에 지장이 없도록 먼 곳에서 스트로크

전에 촬영한다.
- 로프를 친 구역은 넘어서지 않는다.
- 햇살을 피한다고 우산을 쓰는 식으로 관전에 불편한 행동을 해서는 안 되며, 모두가 경기를 즐길 수 있도록 앞사람들은 앉아주는 것이 예의다.
- 골프장 내에서는 반드시 경기위원회의 지시에 따라야 한다.
- 담배꽁초나 휴지 그 밖의 쓰레기 등은 지정된 장소에 버려야 한다.

재미있는 골프 이야기 - ⑦ 대기업 총수들의 골프 경영학

　GE의 잭 웰치 전(前) 회장은 핸디캡 2의 수준급 골퍼입니다. 그가 PGA 골퍼인 '호주의 백상어' 그레그 노먼을 필드에서 한 차례 물리친 것은 유명한 일화지요. 잭 웰치는 "내가 기업경영을 하지 않았으면 프로골퍼가 됐을 것"이라고 할 정도였습니다.

　뿐만 아니라 그는 "골프는 경영에 실제적으로 많은 도움을 주며, 골프를 통해 CEO의 경영능력을 가늠할 수도 있다"고 설파했습니다.

　국내 주요기업의 CEO들도 골프 실력이 대부분 싱글 핸디캐퍼 수준입니다. 이들은 일반인과 비슷한 클럽을 쓰면서도 대부분 장타를 날리는 실력자인 데다, 그린 주변에서의 쇼트게임에도 능수능란합니다. 게다가 이 CEO 골퍼들은 기업 경영을 통해 '투자 없이는 과실(果實)을 얻을 수 없다.'는 현실을 누구보다 잘 알고 있기에 골프에 기울이는 노력도 남다릅니다.

　그래서인지 재계에선 "골프 잘 치는 기업인이 경영도 잘한다."고 말합니다. 골프황제 타이거 우즈가 경영자로 변신했다면 비즈니스에서 대단한 성공을 거뒀을 것이라는 얘기도 있을 정도입니다. 실제로 미국의 경영전문지인 '전략과 비즈니스'는 지난해 1월호에서 경영 컨설턴트 데이비드 허스트의 기고를 통해 "골프와 경영은 밀접한 함수관계가 있다."고 진단한 바 있습니다.

골프 스코어를 향상시키기 위한 노력은 경영 성과를 개선하기 위한 노력과 시스템상 동일하며, 정확한 스윙을 통해 목표지점으로 공을 보내는 구조는 기업의 경영 프로세스와 비슷하다는 것입니다. 또한 골프는 전략적 사고를 필요로 하기 때문에 경영성과를 높이는 전략 수립과도 밀접한 관련이 있다고 합니다.

국내 재계 인사들도 여기에 동의합니다. 주요기업 CEO들의 경영방식이 그들의 골프 스타일과 크게 다르지 않다고 입을 모으는 것입니다. 가령 과감한 샷을 즐기는 이는 공격적 경영에 강하고, 정교하고 세밀하게 전략을 세우고 샷을 날리는 이는 관리능력에서 앞선다는 것입니다.

그래서 필드에서의 경기 스타일을 보면 경영철학까지 알 수 있다는 말이 나옵니다. 몇몇 대기업 총수의 경우 골프와 경영의 요소를 하나씩 비교해가며 계열사 사장이나 임원들을 통솔할 만큼 골프는 경영현장에서 중요한 비중을 차지한다는 것이 정설입니다.

〈출처 - 동아일보〉

4. 경기 방식

다음은 골프의 아주 기본적인 경기 방식을 정리한 것입니다. 초보자라면 한 번 더 상세히 살펴보고, 그렇지 않더라도 다시 한 번 제고해 초보자들에게 가르쳐 주도록 합시다.

① 진행

많은 다른 스포츠들은 득점이 많은 쪽이 승리하는 반면, 골프는 기록이 작을수록 승리하는 경기입니다.

② 홀

티잉 그라운드에서 홀에 이르는 지점까지를 1홀이라고 하며, 코스는 최저 18홀로 이루어지며, 이를 전부 플레이했을 때 1라운드라고 칭합니다. 일반적으로 하루 동안 18홀을 돈 후, 타수를 합산해 가장 적은 타수를 친 사람이 우승자가 됩니다.

③ 파

모든 홀에는 파라고 부르는 기준타수가 있습니다. 즉 길이가 아주 긴 것은 5타, 중간인 홀은 4타, 짧은 홀은 3타를 쳐서 홀에 집어넣는 것입니다. 보통은 파 5홀이 2개, 파4홀이 5개, 파 3홀이 2개로 구성되어 있으니 9홀의 파 합께는 36타이고, 1라운드인 18홀은 72타가 됩니다.

여기서 중요한 것은 작은 타수로 공을 홀에 넣을 경우, 많은 타수로 공을 홀에 넣을 경우가 각각 명칭이 다르다는 점입니다. 예를 들어 티잉 그라운드에서 1타로 홀에 볼을 넣는 것을 홀인원이라 하며, 기준타수로 홀인하는 것을 파라고 합니다. 또한 한 홀에서 기준타수보다 1타수 적은 타수로 홀인 하는 것을 버디, 2타 적은 타수로 홀인 하는 것을 이글, 3타 적으면 알바트로스라고 합니다. 반대로 한 홀에서 기준 타수보다 1타수 많은 타수로 홀인하는 것을 보기라고 하고, 2타수 많은 타수로 홀인하는 것을 더블 보기, 3타수 많으면 트리플 보기라 합니다.

재미있는 골프 이야기 - ⑧ 다양한 골프 대회들

주변에서 처음에는 운동 삼아 골프를 시작했다가 이른바 대회에 나가 우승을 거머쥐는 경우를 심심찮게 보게 됩니다. 그런 사람들을 보면 우승을 하는 것도 좋지만, 명확한 목표를 가지고 실력을 키워나가는 것도 나쁘지 않다는 생각이 듭니다.

현재 국내외로 많은 골프 대회들이 열리고 있고, 동시에 많은 신예들이 탄생하고 있습니다. 다음은 잘 알려진 골프 대회들을 모아 놓은 것이니, 한번쯤 고려하면서 실력향상에 노력하는 것도 나쁘지 않을 것입니다.

① 남자 골프 4대 PGA 메이저 대회

▶ PGA(Professional Golfer's Association of America)

1916년 결성해 미국프로골프인협회가 매년 개최하는 PGA 선수권대회는 세계 그랜드슬램대회 가운데 하나로, 영국과 라이더 컵 국제단체경기를 공동으로 주관하고 1년 내내 미국 전역을 순회하면서 열리는 순회 대회를 후원합니다.

▶ 마스터스 대회

1934년 초청대회 형식으로 첫 대회가 열린 후 2000년으로 64회째를 맞는 세계 4대 골프대회의 하나로, 미국의 오거스타내셔널GC에서만 벌어집니다. 대회예산은 TV중계료 및 기념품 판매 등으로 충당되는데 상업적 냄새가 없는 편이라 골프를 위한 순수 대회라는 평가를 받고 있습니다.

▶ 브리티시오픈

매년 7월에 열리는 이 대회는 1869년에 첫 대회를 시작해 최고의 역사를 자랑합니다. 처음부터 아마추어 정신에 입각한 만큼 모든 프로선수와 아마추어 선수들이 모여 실력을 겨루는 선수권대회이기도 합니다.

▶ US오픈 대회

1895년에 시작, 1954년 TV중계가 시작되었고, 선수와 관중을 분리하는 분리선을 설치한 최초의 대회입니다.

② 여자 골프 4대 LPGA 메이저 대회

▶ LPGA

1955년에 시작되어 미국에서 US오픈 다음으로 역사가 긴 대회입니다.

1944년 스폰서가 마쯔다에서 맥도널드로 바뀌면서 상금액이 늘어났는데, 바로 이 대회에서 박세리 선수가 미국 프로데뷔 7개월 만에 최연소로 우승했습니다.

▶ US여자오픈

여자 4대 메이저 대회 중 가장 오랜 역사를 가졌으며 상금도 가장 많은 최고 권위의 대회입니다. 메이저 중의 메이저라고 할 수 있습니다.

▶ 나비스코 디나쇼어

지난 1983년 4대 메이저 대회로 공인 받은 대회입니다.

▶ 듀모리에 클래식

25년 전통의 이 대회는 4대 메이저 가운데 가장 늦게 열립니다.

①

인간관계를 위한 **골프 에티켓**

어드바이스

1. 꼭 지켜야할 에티켓 10조

　1887년, 즉 지금으로부터 무려 115년 전, 에티켓의 항목이 규칙서, 즉 룰 북에 처음 기재되었습니다. 당시 제 1조의 내용은 "플레이에 의하여 뜯겨진 디보트를 제자리로 옮겨놓아라." 였습니다. 1880년대 아이언이나 금속판을 밑바닥에 붙인 우드가 등장하면서 잔디를 찍어 코스가 손상되기 때문이었습니다.

　그 후 에티켓의 항목은 차차 늘어났고 무려 10개조까지에 이르러 룰 북 말미에 일괄 기재되었습니다. 다음은 그 10개조입니다. 비록 오래전의 룰들이지만, 모든 귀하고 현명한 원칙들이 그러하듯이 이는 지금까지도 중요하게 여겨지며 많은 골퍼들에게 반드시 지켜야 할 규칙으로 남아 있습니다

1조: 남이 치는 동안 말을 하거나 움직이지 말고, 가까이 다가서지 않아야 한다.

2조: 남이 티 샷을 할 때 동반자가 티오프를 해서는 안 된다.

3조: 앞 조(組)에 쳐서 넣지 않아야 한다.

4조: 부당하게 지연 플레이를 해서는 안 된다.

5조: 볼을 오래 찾게 될 경우, 후속조를 통과시켜야 한다.

6조: 벙커에서 나올 때 모래를 골라주어야 한다.

7조: 디보트를 제자리에 놓아야 한다.

8조: 그린과 모든 경기 부속물들을 손상시키지 말아야 한다.

9조: 홀 아웃 후 신속히 그린에서 떠나야 한다.

10조: 2구(球) 플레이조(組)는 3, 4구 조에게 코스 선행권을 갖는다.

그리고 1949년 이 에티켓이 규칙서의 제1장으로 룰 북의 서두에 게시되었습니다. 미국과 영국이 골프협회 합동 회의에서 규칙을 개정한 것입니다. 1945년 세계 제2차 대전이 끝나면서 폭발적으로 증가한 대중 골퍼들로 인해 골프협회들이 골머리를 앓기 시작했기 때문입니다. 골퍼들이 늘어나면서 매너가 나쁜 골퍼들도 함께 늘어난 것이지요. 이에 골프협회는 에티켓에 플레이 규칙과 동등한 중요성을 부여해 이를 규칙으로 삼을 것을 요구하기에 이르렀습니다.

그리고 1933년부터 1971년까지의 '에티켓의 10조'는 1972년에 3조로 축소 정리되기에 이릅니다. 첫째, 코스에서의 예의, 둘째, 코스의 선행권 셋째, 코스의 보호로 대별된 것입니다. 이는 10조의 문장들이 제법 길어서 외우기가 어려웠기 때문으로 알려져 있는데, 관록 있는 골퍼들은 그래도 이 옛 10조에 깊은 애착을 가지는 동시에 그 효용성이 높다고 주장하는 경우가 많습니다.

〈출처-이것이 골프 매너다〉

2. 에티켓이 필요한 이유

1902년에는 벙커 안에서의 에티켓과 규칙이 성문화되었습니다. 그때까지만 해도 벙커 안은 늘 발자국과 샷의 흔적으로 엉망진창이었습니다. 모두들 멋대로 벙커 안에 들어가도 괜찮았던 것입니다. 그러다가 1966년 영국의 한 코스에서 한 플레이어가 우천에서 바지의 끝자락을 양말 속에 끼고 라운드 하다가 코스 당국자에게 주의를 받은 뒤, 이로 인해 시비가 벌어져 신문에까지 보도되었습니다. 비가 아무리 내려도 바지 자락을 양말에 끼워 넣는 것은 금기 사항이었으며, 이는 지금도 마찬가지입니다.

그런가 하면 1974년 앞 조의 늑장 플레이에 화가 난 한 여성이 앞 조에 그만 볼을 넣어 상대 남자 선수와 클럽으로 치고받는 상해 사건이 일어나 재판 사태까지 벌어진 적도 있었습니다.

또한 1974년 영국 오픈이 로열 리덤 세인트 앤즈 GC에서 열렸을 때는, '개(犬)와 카메라 지참 금지'라는 통보가 내려졌습니다. 실제로 그 후 영미(英美)의 프로 경기에서는 갤러리나 사진 기자의 근거리 사진 촬영이 금지되었습니다. 또 경기 코스에 개를 데리고 오는 관객이 많았는데 이때부터는 불가능해졌습니다.

유럽인들은 어려서 에티켓을 배우고 어른이 되어서는 매너를 배운다고 합니다. 따라서 사실 이 모두는 에티켓을 넘어 골프 매너로 언급해야 온당하겠습니다. 그런데도 골프 규칙의 첫 장에 '에티켓'이 명시되었다는 것은 성인 골퍼들로서 부끄러울 수밖에 없는 일입니다. 사실 에티켓이란 어려서 배워 몸에 익혀져 있어야 할 교양인만큼 어른이 되어서 교육받거나 강요될 수 없는 것입니다.

그럼에도 주위를 둘러봅시다. 우리는 필드 위에서 얼마나 그 에티켓을 충실히 지키고 있습니까? 가끔은 내가 잘 지켜도 남 때문에 화를 내는 일도 심심치 않게 일어나고, 에티켓을 무시해 일어나는 처사에 라운드 막판을 찝찝하게 끝내는 경우도 적지 않습니다.

에티켓은 사실 그 본질적인 의미처럼, 그저 사회적 관습으로 지켜져야 할 기본적 예의에 불과합니다. 즉 남에게 방해되지 않도록 늘 남을 배려하는 행위일 뿐입니다.

다른 스포츠와는 달리, 에티켓이 골프에서 룰 속에 명문화되어

누누이 강조되고 있는 이유는, 바로 골프 인구의 증가에서 기인합니다. 실제로 날로 골프 인구가 늘어나고 있는 요즘 우리 한국 골프계 에서도 에티켓은 확실히 지켜져야 할 구속력을 지닌 긴급하고 중요한 요건입니다.

3. 꼭 지켜야 할 골프 규칙

꼭 지켜야 할 골프 규칙 Do

① 자기 볼에 표시를 해둔다.

② 번호가 같은 볼을 1개 이상 갖고 있는다.

③ 스타트하기 전 '14개 클럽' 인가 확인한다.

④ 규칙서를 클럽백 속에 넣어두고 읽는 버릇을 들인다.

⑤ 자기 핸디캡과 합치하는지, 코스 레이팅은 얼마인지 확인해둔다.

⑥ 매 홀마다 경기 종료 후 스코어 카드를 기입한다.

⑦ 부당한 지연 플레이를 하지 말고 앞 조에 따라붙는다.

⑧ 로스트볼 찾는 시간은 5분 이내로 지킨다.

⑨ OB나 로스트의 염려가 있어 잠정구를 칠 때는 분명히 밝히고 친다.

⑩ 드롭하기 위해 볼을 집어 들기 전에 구제조건 등을 미리 알아둔다.

⑪ 캐주얼 워터나 수리지의 개념을 잘 알아둔다.

⑫ 그린 위의 스파이크 자국은 플레이 후에나 고치고 볼 마크는 항상 고치도록 한다.

꼭 하지 말아야 할 골프 규칙 Don'ts

① 그린 위의 볼은 마커를 놓기 전에 미리 집어 올리지 않는다.

② 퍼팅선상의 잔디 면을 터치하지 않는다.

③ 동료들에게 스파이크 자국 고치기를 허용하지 않는다.

④ 플레이 중 연습 볼을 날리지 않는다.

⑤ 어느 번호의 클럽으로 쳤느냐고 묻지 않는다.

⑥ 퍼팅선상의 낙엽 등을 수건이나 모자로 털지 않는다.

⑦ '퍼팅용 볼'을 따로 갖고 있다가 쓰지 말아야 하며, 그린 위를 제외하고는 홀 가장자리에 걸려 있는 볼을 10초 이상 기다리지 않는다.

⑧ 그린 위를 제외하고는 볼에 붙어 있는 풀잎 등을 떼어내지 말아야 한다.

⑨ 상대에게 어드바이스를 받지 않는다.

⑩ 식별을 위해 러프에서 볼을 굴리는 일이 없어야 한다.

이상이 우리에게 도움이 되는 것은 사실이지만, 이는 골퍼가 지켜야 할 규칙 중에 극히 일부분에 불과합니다. 따라서 단순히 이것만 기억하기보다는, 규칙서를 자주 읽어 숙달하는 일이 필요합니다.

〈출처-이것이 골프 매너다〉

4. 비즈니스 골프 에티켓

비즈니스를 위해 누구를 초대하든, 일단은 그 사람이 골프에 얼마나 능숙한지를 반드시 고려해야 합니다. 예를 들어 그 사람이 골프채를 잡아본 경험이 별로 없다면 그가 과연 즐거운 마음으로 라운드를 끝낼 수 있을까 하는 생각도 해봐야 한다는 뜻입니다. 만일 상대가 처음 라운드에 초대되어 토너먼트 게임을 하는 경우라면, 그는 분명 자기가 충분한 기술이 없다는 점을 알고 쉽게 좌절할 것입니다. 즉 좋은 시간을 보내기는커녕 불쾌한 경험을 하게 될지도 모릅니다.

때문에 상대를 라운드에 초대하려면, 일단 그가 무엇을 좋아하고, 핸디캡은 어느 정도인지 알아볼 필요가 있습니다. 이 기본 정보는 많은 다른 응용 부분을 창조하는 바탕이 됩니다. 즉 비즈니스 골프에서 충분히 알아두어야 할 중요한 사안입니다.

5. 골프 황금률 10조

일반적인 골프 에티켓이 아무리 복잡하다 해도 그린 위만은 못하고, 그린 위에서의 에티켓이 아무리 까다롭다 해도 홀 주위만큼은 못하다고 합니다. 그만큼 홀 주위에서는 행동거지가 가장 엄격해야 합니다.

실제로 골프에서 홀 주위 반경 30cm 둘레는 좁은 면적에 상처를 가장 많이 입는 가냘픈 지역입니다. 10.8cm의 작은 구멍은 마지막 신경 100%를 다 쏟는 퍼팅이 행해지는 곳이기 때문입니다. 따라서 이곳에서는 환자의 혈관을 외과 의사처럼 세심한 행동 패턴이 필요합니다.

초보자들이 본의 아니게, 또는 해당 에티켓을 배우지 못하여 실수를 많이 하는 곳도 바로 그린 위입니다. 그린 위에서는 모두 신경질적이 되기 때문에 작은 실수도 남에게 큰 영향을 끼치고, 스스로도 상처를 받게 됩니다. 다음은 미국의 《골프 매거진》지가 그린 위의 규칙과 에티켓을 특집으로 간결하게 다룬 것입니다. 익혀두면 큰 도움이 될 것입니다.

미국 《골프 매거진》의 'Golf's 10 golden rules'

* 1조: 볼은 있는 상태 그대로 플레이한다.

* 2조: 정당한 스탠스로 스윙할 때가 아니면 성장 중인 것, 고정된 것을 움직이거나 구부리거나 꺾지 못한다.

* 3조: 워터 해저드, 벙커가 아니면 자연 장애물 등을 집어내도 무방하다.

* 4조: 벙커, 워터 해저드 안에서 인조물을 집어내도 된다. 그것이 움직일 수 없는 것이면 홀에 접근하지 않고 1클럽 이내 드롭이다.

* 5조: 캐주얼 워터, 수리지, 동물 구멍, 통로의 볼은 드롭한다. 그린 위면 플레이스, 해저드에서 드롭은 홀에 가깝지 않게 한다. 그것이 안 될 때 1클럽 이내 드롭이다.

* 6조: 벙커, 워터 해저드에서 스트로크 전에 손이나 클럽으로 지면이나 수면을 터치하지 못한다.

* 7조: 워터 해저드에 들어가면 해저드 후방이나 원위치에서 친다. 1벌타이다. 레터럴 워터 해저드이면 볼이 마지막으로 지나친 해저드 경계점 혹은 대안(對岸)의 활동 거리 점에서 2클럽 이내 드롭한다. 1벌타이다.

* 8조: OB또는 분실구일 때 원위치에서 1벌타를 가하고 플레이한다. 그런 우려가 있으면 잠정구를 통고하고 친다.

* 9조: 언플레이어볼 일 때 1벌타 후 원위치에서 친다. 그 밖에 홀에 접근하지 않고 2클럽 이내 드롭, 또는 홀을 잇는 후방선상에 드롭한다. 벙커에서는 벙커 내 2클럽 혹은 후방선상에 드롭, 각각 플레이할 것.

* 10조: 그린에서는 스파이크 자국을 제외한 볼마크와 옛홀자리만 수리한다.

대체로 규칙 적용이 가벼울수록 경기 내용은 엉성해집니다. 반대로 규칙 적용이 엄격하면 경기 내용은 충실해집니다. 후자는 "베스트 플레이어가 우승해야 한다."는 경기 목적에도 부합되는 것입니다. 그린 위에서 생긴 스파이크 자국도 볼 낙하로 생긴 볼 마크처럼 고칠 수 있도록 규칙을 고치자는 안을 놓고 여전히 찬반양론이 되풀이되고 있는 것이 지금 골프계의 현실입니다. 즉 외부 사람들이 보기에는 간단하고 별 중요하지 않은 듯한 사안이 골퍼들에게는 경기 전반을 좌지우지하는 중요한 사안으로 여겨지는 것입니다. 이는 골프가 얼마나 민감하면서도 세심한 스포츠인지를 보여줍니다. 다른 경기들보다 유난히 룰이 강조되는 것 또한 바로 그 때문입니다. 따라서 초보자이든, 프로이든, 앞으로 골프 에티켓과 룰을 최대한 완벽히 지키려고 노력해야 합니다. 실력도 중요하지만 골퍼의 자질은 바로 그런 것에서 드러난다는 점을 반드시 기억합시다.

6. 캐디에게 지켜야 할 6가지 규정

경기는 좋은 보조자의 도움으로 더 좋은 결과를 내올 수 있습니다. 다른 스포츠에서도 보조자들이 얼마나 큰 역할을 하는지를 보면 잘 알 수 있을 것입니다. 모든 경기에서 엄밀히 말하면 심판 또한 보조자의 역할이며, 여기서 심판의 재능이 경기를 좌지우지하는 것을 볼 수 있습니다.

사실 주위를 둘러보면 캐디의 역할에 대해 많은 오해를 가진 사람들을 볼 수 있습니다. 그들은 캐디를 아무 전권도 없이 일행을 보조하는 역할로만 생각합니다. 하지만 경기에서 캐디는 가장 필요한 보조원이며, 훌륭한 캐디는 경기 전반을 매끄럽게 끌어나가는 데 상당한 도움을 줍니다. 다음은 매너를 갖춘 골퍼로서 캐디에게 지켜야 할 규칙을 명시한 것입니다. 반드시 익히고 준수하도록 합시다.

① 캐디의 이름을 반드시 첫 티에서 알아두도록 한다.

② 캐디로 하여금 자기가 말을 많이 주고받기를 좋아하는가, 말이 없이 조용한 편임을 좋아하는가를 숙지시킨다.

③ 거리나 경사를 미리 말하도록 허용할 것인가, 아니면 자기 스스로 알아서 할 것인가를 미리 통고한다.

④ 캐디를 경의와 배려로 대하고 부담을 덜어주는 등 '함께 경기한다.' 는 태도를 유지한다.

⑤ 캐디가 거리나 경사를 잘 읽어 성공했을 때, 칭찬을 아끼지 않는다.

⑥ 일을 잘 해낸 캐디에게는 팁을 주되, 분별 있고 적절한 액수로 한정한다. 대체로 국내 코스에서는 캐디에 대한 팁을 금지하는 곳이 많으므로 조심하도록 한다.

〈출처-이것이 골프 매너다〉

맺는 말

　내 개인적인 경험에서 볼 때, 골프는 사람들 사이의 장벽을 없애주고 친밀한 관계를 지속시키고 자유롭게 의견을 교환하는 촉매 역할을 한다고 생각합니다.

　얼마 전 평소 좋지 않은 인상을 받았던 사람과 라운드를 한 적이 있습니다. 물론 불가피한 상황이어서 억지로 한 것이었지만, 라운드 후에는 그가 결코 나쁜 사람이 아니라는 사실을 알게 되었습니다. 그가 다른 사람들과도 이런 괜찮은 시간을 보냈더라면 아마 지금과는 다른 시각으로 보였을 것입니다.

　이처럼 골프는 모든 사람을 똑같은 입장에 서도록 만들어 친구, 동업자로서 인연을 맺도록 하는 데 도움을 줍니다. 특히 핸디캡 시스템은 골프 실력의 개인적 차이를 줄여 동등한 입장에서 라운드를 하도록 만들어 주지 않습니까? 무엇보다도 우리는 골프를 통해 수많은 사람들과 만나게 됩니다. 그리고 그 푸른 잔디에서 함께 할 수 있는 만남이야말로 그중에서 단연코 가장 즐거운 만남일 것입니다.

사실 나는 골프를 즐길 수 있다는 점에서 더없는 행운아라고 생각합니다. 새벽 타임도 상관없이 2~3시간씩 걸려 찾아가는 골프장도 그저 좋고, 1번 홀 티잉그라운드에 서면 가슴이 쿵쾅대던 초보시절도 있었는데, 이제는 어느새 라운드 도중 각각의 홀들이 눈에 들어오고 멋진 조경과 잘 가꾸어진 코스에 설렘을 느끼는 골프 마니아가 되었습니다.

또 어느 날은 모든 게 내 맘대로 되지 않아 골프채를 놓고 싶어지기도 하면서도, 그 또한 진정한 골퍼로 성장하기 위한 과정이라고 생각해 참아내기도 합니다.

뿐만 아닙니다. 골프에서는 사회적 지위나 교육 수준도 별 의미가 없습니다. 적어도 골프장 안에서는 골프의 룰과 경기 방식 앞에서 모두 평등합니다. 여러분은 상대방의 멋진 샷을 칭찬해주고 그 즐거움을 나눠도 좋고, 반대로 자기만의 세계에 몰입해 플레이에만 열중할 수도 있습니다. 이 모든 것은 여러분의 판단에 달려 있습니다. 다만 비즈니스 골프에서 가장 중요한 것은, 라운드가 다 끝난 후 상대가 "오늘 정말 즐거웠습니다!"라고 만드는 것입니다.

그렇다면 골프에서 얻을 수 있는 또 다른 혜택으로는 어떤 것들이 있을까요?

골프에도 두 종류가 있습니다.

하나는 스포츠로서의 골프, 그리고 나머지 하나는 현대사회에 필수가 되어버린 비즈니스 골프입니다. 그리고 이 책은 골프장에서 근무하는 지난 3년 동안, 비즈니스 골프에 대해 수많은 사례들을 경험한 것들을 바탕으로 했습니다. 즉 내 눈으로 직접 보고 느꼈던 경험들을 좀 더 많은 분들과 공유하고 성공적인 비즈니스 골프를 원하는 분들께 도움이 되고자 한 것입니다.

또한 그런 의미에서 이 책은 골프 비즈니스 속에서 사람을 만나고, 또 그 안에서 물질적 결실은 물론 정신적 결실을 얻는 과정까지도 담으려고 노력했습니다.

이 책을 집어든 분이라면, 이제 비즈니스 골프에 필요한 기술들을 어느 정도 습득했을 것입니다. 이제 남은 것은 그것을 항상 기억하고 실천하는 것입니다.

부디 여러분의 삶이 골프를 통해 더 넓은 세상으로 나아갈 수 있기를 바랍니다.

전국 골프장 가는 길

서울 / 경기

대표	전화	주 소	홈페이지
가평베네스트	031-589-8000	경기 가평군 상면 상동리 산52	golfsamsung.com
강남300	031-719-0300	경기 광주시 목동 497-6	kn300.com
경기상그릴라	031-769-6677	경기 광주시 실촌읍 오향리 156-1	mastersgc.com
곤지암CC	031-760-3555	경기 광주시 도척면 도웅리 산41	konjiam.lg.co.kr
골드CC	031-286-8111	경기 용인시 기흥구 고매동 산18	kgav.com
광릉CC	031-528-7001	경기 남양주시 진접읍 팔야리 산1	
그린힐CC	031-762-3114	경기 광주시 실촌읍 이선1리 208-2	shinancc.co.kr
글렌로스	031-320-9600	경기 용인시 처인구 포곡면 전대리 310	golfsamsung.com
금강CC	031-880-6000	경기 여주군 가남면 본두리 1-2	kccgolf.co.kr
기흥CC	031-376-4001	경기 화성시 동탄면 신리 산46-1	
김포Seaside	031-987-9992	경기 김포시 월곶면 포내리 220-6	gimpocc.co.kr
난지골프장	02-3003-114	서울 마포구 상암동 481-6 일원 난지도 제1매립지	Nanji-golf.or.kr
남부CC	031-286-8603	경기 용인시 기흥구 보라동 1-35	namboocc.co.kr
남서울CC	031-709-6000	경기 성남시 분당구 백현동 산71-2	nscc.co.kr
남성대CC(군)	02-2140-8444	서울시 송파구 장지동 419	golf.imnd.or.kr/namsungdae
남수원CC(군)	031-229-9200	경기 화성시 태안읍 송산1리 170	golf.imnd.or.kr/namsu

대표	전화	주소	홈페이지
남여주GC	031-880-6700	경기 여주군 여주읍 하거리 산64-1	namyeoju.co.kr
남촌CC	031-769-0333	경기 광주시 실촌읍 이선리 산101-1	namchoncc.co.kr
뉴서울CC	031-762-5672	경기 광주시 삼동 1	newseoulgolf.co.kr
뉴스피링빌CC	031-630-7500	경기 이천시 모가면 두미리 산76	newspringvilecc.co.kr
뉴코리아CC	02-353-0091	경기 고양시 덕양구 신원동 227-12	new-koreacc.co.kr
다이너스티CC	031-869-7770	경기 동두천시 하봉암동 산33-1	dynastycc.co.kr
덕평CC	031-638-9626	경기 이천시 호법면 매곡리 704-2	dpcc.co.kr
라비돌CC	031-352-7150	경기 화성시 정남면 보통리 141-39	aviedorresort.co.kr
레이크사이드CC	031-334-2111	경기 용인시 처인구 모현면 능원리 산5-12	lakesidecc.co.kr
레이크우드	031-840-1515	경기 양주시 만송동 555	akewood.co.kr
레이크힐스CC	031-336-8189	경기 용인시 처인구 남사면 창리 산103-3	akehillscc.co.kr
레이크힐스안성	031-674-8366	경기 안성시 양성면 산정리 산6-1	akehills.co.kr
렉스필드	031-880-0300	경기 여주군 산북면 상품리 산108	rexfield.co.kr
리베라CC	031-376-6711	경기 화성시 동탄면 오산리 435-2	rivieracc.co.kr
리치칼튼CC	031-589-3000	경기 가평군 설악면 방일리 산90-2	ritzcaltoncc.co.kr
마이다스밸리	031-8589-9000	경기 가평군 설악면 이천리 산2-1	midasgolf.co.kr
몽베르CC	031-531-3841	경기 포천시 영북면 산정리 558-1	montvertcc.com

대 표	전 화	주 소	홈페이지
발안GC	031-352-5061	경기 화성시 팔탄면 해창리 256-5	balangc.co.kr
베어스타운	031-540-5130	경기 포천시 내촌면 소학리 295	bearstown.com
베어크리크	031-539-5700	경기 포천시 화현면 지현리 산2-1	bearcreek.co.kr
블루헤런	031-880-0700	경기 여주군 대신면 상구1리 산11-1	blueheeon.co.kr
비에이비스타	031-636-3577	경기 이천시 모가면 어농리 산86	bavista.co.kr
비전힐스CC	031-595-3355	경기 남양주시 화도읍 녹촌리 산52-1	visionhillscc.com
빅토리아GC	031-882-5050	경기 여주군 가남면 송림리 214	vicroriagc.co.kr
서서울CC	031-943-4103	경기 파주시 광탄면 용미리 산79-1	seoseoul.co.kr
서울CC	031-969-0810	경기 고양시 덕양구 원당동 산38-23	hanyangcc.co.kr
서원밸리	031-940-9400	경기 파주시 광탄면 발랑리 산48-1	seowongolf.co.kr
세븐힐스	031-670-0777	경기 안성시 금광면 삼흥리 산1	golfsamsung.com
소피아그린	031-887-8100	경기 여주군 점동면 현수리 산13	sophiagreen.co.kr
솔모로	031-884-7000	경기 여주군 가남면 양귀리 산69	solmoro.com
송추CC	031-871-9410	경기 양주시 광적면 비암리 산23-1	songchoo.co.kr
수원CC	031-281-6611	경기 용인시 기흥구 구갈동 313	suwon-golf.co.kr
스카이72	1544-7002	인천광역시 중구 운서동 2029-1	sky72.com
스카이밸리	031-880-8800	경기 여주군 북내면 운촌리 산40	skyvalley.co.kr

대표	전화	주소	홈페이지
신라CC	031-886-3030	경기 여주군 북내면 덕산리 산3-1	shillacc.com
신안CC	031-673-8853	경기 안성시 고삼면 가유리 650	shinancc.co.kr
신원CC	031-3322-8400	경기 용인시 처인구 이동면 묵리 49-1	swcc.co.kr
썬힐GC	031-585-7900	경기 가평군 하면 하판리 산162-1	sunhillgolf.co.kr
아시아나CC	031-330-1112	경기 용인시 처인구 양지면 대대리 산281-1	asianacc.co.kr
안성CC	031-674-9111	경기 안성시 죽산면 장계리 736-4	ansungcc.co.kr
안양베네스트	031-460-3331	경기 군포시 부곡동	golfsamsung.com
양주CC	031-592-6060	경기 남양주시 화도읍 금남리 300	
양지파인	031-338-2001	경기 용인시 처인구 양지면 남곡리 34-1	pineresort.com
양평TPC	031-772-3000	경기 양평군 지제면 대평리 산112	tpcgolf.co.kr
여주CC	031-883-7000	경기 여주군 여주읍 월송리 35-10	yeojoocc.co.kr
올림픽CC	031-962-0101	경기 고양시 덕양구 벽제동 465	olympicgolf.co.kr
용인CC	031-332-3323	경기 용인시 처인구 백암면 석천리 747-1	Yougincc.com
은화삼CC	031-335-8255	경기 용인시 처인구 남동 산118-1	
이스트밸리	031-760-3800	경기 광주시 실촌읍 건업리 산100-2	eastvalley.co.kr
이포CC	031-886-8100	경기 여주군 금사면 장흥리 산1	ipocc.com
인천국제CC	032-562-6666	인천광역시 서구 경서동 177-1	incheoncc.com

대 표	전 화	주 소	홈페이지
인천그랜드	032-584-3111	인천광역시 서구 원창동 380	incheongrand.cc
일동레이크	031-539-5900	경기 포천시 일동면 유동리 21-2	ildonglakes.co.kr
자유	031-880-9900	경기 여주시 가남면 삼군리 산44	
제일CC	031-400-2500	경기 안산시 상록구 부곡동 587	jaeil-cc.co.kr
중부CC	031-762-6588	경기 광주시 실촌읍 곤지암리 산28-1	akdjbcc.co.kr
지산CC	031-330-1400	경기 이천시 마장면 해월리 산28-11	jisangolf.com
캐슬렉스GC	02-480-5600	경기 하남시 감이동 260-1	castlexgc.com
캐슬파인	031-886-8656	경기 여주군 강천면 부평리 산47-1	castlepine.co.kr
코리아CC	031-334-7111	경기 용인시 처인구 이동면 서리 772-1	kgav.com
크리스탈밸리	031-589-5000	경기 가평군 상면 항사리 산36-2	crystalcalley.co.kr
태광CC	031-281-7111	경기 용인시 기흥구 신갈동 산66	taekwangcc.co.kr
태릉(군)	02-970-7311	서울시 노원구 공릉2동 산230-30	imnd.or.kr
태영CC	031-330-9700	경기 용인시 처인구 원삼면 죽릉리 산38	ty-cc.com
파인크리크	031-672-0071	경기 안성시 양성면 노곡리 701-3	pinecreek.co.kr
88CC	031-287-8811	경기 용인시 기흥구 청덕동 80-2	88cc.co.kr
포천아도니스CC	031-530-9110	경기 포천시 신북면 고일리 산59	adoniscc.co.kr
프라자CC	031-332-1122	경기 용인시 처인구 남사면 봉무리 산257-1	plazacc.com

대표	전화	주소	홈페이지
프리스틴밸리	031-589-2000	경기 가평군 설악면 이천리 산2-12	pristinevalley.co.kr
필로스GC	031-531-2003	경기 포천시 일동면 기산리 산142-1	philosgc.com
한성CC	031-284-3831	경기 용인시 기흥구 보정동 산32-1	
한양CC	031-969-0810	경기 고양시 덕양구 원당동 산38-23	hanyangcc.co.kr
한원CC	031-373-7111	경기 용인시 처인구 남사면 북리 859-1	hanwoncc.co.kr
해비치(구남양주록인)	031-577-4174	경기 남양주시 와부읍 월문리 산68-31	haevichicc.co.kr
화산CC	031-329-7114	경기 용인시 처인구 이동면 화산리 산28-1	hwasancc.com
화성상록GC	031-371-0100	경기 화성시 동탄면 중리 산170	hssangnokgc.com

강원도

대표	전화	주소	홈페이지
강촌리조트	033-260-2000	강원 춘천시 남산면 백양리 29-1	gangchonresort.co.kr
골든비치	033-673-7300	강원 양양군 손양면 동호리 산250	gogoldenbeach.co.kr
금강산아난티골프온천	02-2261-3370	강원 고성군 장전면 금강산 고성봉 일대	emersonpacific.co.kr
대명설악GC	033-639-3255	강원 고성군 토성면 원암리 403-1	daemyung.co.kr
동원썬밸리	033-344-5308	강원 횡성군 서원면 석화리 산171-1	dongwonsunvalley.co.kr
라데나(구춘천)	033-260-1114	강원 춘천시 신동면 정족리 1007-1	ladenaresort.com
레스피아	033-732-3700	강원 원주시 지정면 월송리 산2-2	respia.com
버치힐	033-330-7504	강원 평창군 도암면 용산리 130	youngpyong.co.kr
블랙밸리CC	033-540-5300	강원 삼척시 도계읍 상덕리 247	blackcc.co.kr
비발디파크CC	033-435-8311	강원 홍천군 서면 팔봉리 산125-16	vivaldiparkcc.com
샌드파인	033-640-0600	강원 강릉시 저동 522	sandpine.co.kr
설악썬밸리	033-638-5362	강원 고성군 죽왕면 삼포리 산134	sorak.cc
설악프라자	033-635-5511	강원 속초시 장사동 산24-2	hanwharesort.co.kr
센추리21CC	033-733-1000	강원 원주시 문막읍 궁촌리 산47-5	century21cc.co.kr
영랑호리조트	033-633-0003	강원 속초시 금호동 600-7	yrhresort.co.kr
오스타(현대성우리조트)	033-340-3000	강원 횡성군 둔내면 두원리 204	hdsungwoo.co.kr
오크밸리	033-730-3770	강원 원주시 지정면 월송리 1016	oakvalley.co.kr

대표	전화	주소	홈페이지
용평리조트	033-335-5757	강원 평창군 도암면 용산리 130	yongpyong.co.kr
제이드팰리스GC	033-260-8000	강원 춘천시 남산면 서천리 산35	jadepalacegc.com
청우CC	033-344-8012	강원 횡성군 우천면 하대리	chungwoocc.co.kr
파인리즈	033-630-6300	강원 고성군 토성면 신평리 산23	pineridge.co.kr
파인밸리	033-573-0874	강원 삼척시 근덕면 교곡리 445-1	pinevalley.co.kr
파크밸리	033-731-4811	강원 원주시 소초면 수암리 산24	parkvalley.co.kr
하이원(구강원랜드)	033-590-7700	강원 정선군 고한읍 고한리 산1-139	kangwonland.com
한탄강CC	033-452-5700	강원 철원군 갈말읍 군탄리 1137	hantancc.co.kr
휘닉스파크	1588-2828	강원 평창군 봉평면 면온리 1095	phoenixpark.co.kr

충청도

대 표	전 화	주 소	홈페이지
IMG내셔널CC	041-862-4004	충남 연기군 전의면 유천리 495-2	imgcc.co.kr
계룡대CC(군)	042-550-7650	충남 계룡시 남선면 남선리 501	krdcc.co.kr
그랜드CC	043-212-7111	충북 청원군 오창면 화산리 40-1	grandgolf.co.kr
대덕연구단지체육공원	042-865-3000	대전광역시 유성구 전민동	ddgolf.co.kr
도고CC	041-542-4411	충남 아산시 선장면 신성리 113-8	dogocc.co.kr
떼제베CC	043-230-4000	충북 청원군 옥산면 환희리 산102	tgvcc.co.kr
레인보우힐스	개장예정	충북 음성군 생극면 생리 170	
버드우드	041-558-9900	충남 천안시 병천면 매성리 산27-24	birdwood.co.kr
상떼힐CC	043-850-2200	충북 충주시 앙성면 지당리 산93	santehillcc.com
시그너스CC	042-857-5001	충북 충주시 앙성면 중전리 산11-1	cygnuscc.com
실크리버CC	043-277-5000	충북 청원군 남이면 산막리 산102	silkrivercc.co.kr
썬밸리CC	043-881-5307	충북 음성군 삼성면 대사리 산59-7	sunvalleycc.co.kr
엔딘버러	041-750-0114	충남 금산군 진산면 행정리 473-5	Edinburgh.co.kr
오스타단양CC	043-420-7100	충북 단양군 매포읍 고양리 300-1	ostarcc.co.kr
우정힐스CC	041-557-2902	충남 천안시 목천읍 운전리 401	whcc.kolon.co.kr
유성CC	042-822-7103	대전광역시 유성구 덕명동 215-7	Yscc.co.kr
임페리얼레이크CC	043-857-8000	충북 충주시 금가면 월상리 산95-1	ilcc.co.kr

대표	전화	주소	홈페이지
중앙CC	043-533-6666	충북 진천군 백곡면 성대리 산103-1	jungangcc.co.kr
중원CC	043-851-6633	충북 충주시 산척면 영덕리 산2-14	
천룡CC	043-536-1001	충북 진천군 이월면 신계리 산78-1	crcc.co.kr
천안상록리조트	041-560-9114	충남 천안시 수신면 장산리 669-1	sangnokresort.co.kr
태안비치CC	041-670-7000	충남 태안군 근흥면 정죽리 2261-1	taeanbeach-cc.co.kr

경상도

대표	전화	주소	홈페이지
가든골프장	054-740-5161	경북 경주시 마동 111-1	kolonhotel.co.kr
가야CC	055-337-0091	경남 김해시 삼방동 산1	kayacc.co.kr
경주CC	054-748-8100	경북 경주시 북군동 375-1	kyongjugolf.co.kr
경주신라	054-740-7114	경북 경주시 신평동 산5	sillacc.co.kr
골든그린	055-382-7821	울산광역시 울주군 삼남면 방기리 산82	goldgreen.co.kr
그레이스	053-217-8000	경북 청도군 이서면 대전리 산6-2	grace-cc.co.kr
대구CC	053-854-0002	경북 경산시 진량읍 선화리 67-2	daegucc.co.kr
동래베네스트	051-580-0300	부산광역시 금정구 선동 산128	golfsamsung.com
동부산CC	055-388-1315	경남 양산시 웅상읍 매곡리 131	dongpusancc.co.kr
디아너스	054-777-9500	경북 경주시 천군동 산31	thehonors.co.kr
떼제베East	054-854-2880	경북 안동시 일직면 국곡리 35-2	
레이크힐스함안	055-586-8888	경남 함안군 칠원면 운곡리 산108	lakehills.co.kr
마우나오션	054-771-0900	경북 경주시 양남면 신대리 산140-1	mauna.co.kr
문경CC	054-550-5000	경북 문경시 마성면 외어리 산1-1	mgle.co.kr
보라CC	052-255-1000	울산시 울주군 삼동면 금곡리 산183-6	boracc.com
보문CC	054-745-1680	경북 경주시 천북면 물천리 180-7	golf.ktd.co.kr
부곡CC	055-521-0707	경남 창녕군 부곡면 거문리 산263	

대 표	전 화	주 소	홈페이지
부산CC	051-509-0707	부산광역시 금정구 노포동 368	bscc.co.kr
서라벌GC	054-773-7000	경북 경주시 외동읍 석계리 산1	seorabolgc.co.kr
선산CC	054-473-6200	경북 구미시 산동면 인덕리 산39-1	sunsancc.com
아델스코트	055-932-8071	경남 합천군 가야면 성기리 산105	adelscott.co.kr
아시아드CC	051-720-6000	부산시 기장군 일광면 이천리 산34-29	asiadcc.co.kr
에덴밸리	055-379-900	경남 양산시 어곡동 산489-1	edenvalley.co.kr
에이원CC	055-371-3500	경남 양산시 웅상읍 매곡리 산1	a-onecc.co.kr
오션뷰CC	054-732-3366	경북 영덕군 강구면 삼사리 478	oceanviewcc.com
오션힐스포항	054-262-9988	경북 포항시 북구 송라면 대전리 산208	oceanhills.co.kr
오펠GC	054-333-2100	경북 영천시 고경면 해선리 541-1	ophelgc.com
용원CC	055-540-0707	경남 진해시 용원동 산39	ywcc.co.kr
우리GC	054-740-0800	경북 경주시 양남면 신대리 산307-6	urigc.co.kr
울산CC	052-225-0707	울산시 울주군 웅촌면 대대리 산105	ilsancc.co.kr
인터불고경산	1544-4222	경북 경산시 평산동 55-2	interburgocc.com
정산CC	055-338-8300	경남 김해시 주촌면 덕암리 산180	jeongsancc.co.kr
제이스CC	054-473-8161	경북 구미시 산동면 인덕리 산39-1	sunsancc.com
제이스Seaside	054-777-9000	경북 경주시 감포읍 나정리 산47	jsseaside.com

대표	전화	주소	홈페이지
진주CC	055-758-0400	경남 진주시 진성면 상촌리 산1	chinjucc.co.kr
창원CC	055-288-4112	경남 창원시 봉림동 산50	changwoncountryclub.co.kr
통도CC	055-370-1300	경남 양산시 하북면 답곡리 233	tongdocc.co.kr
파미힐스CC	054-971-9900	경북 칠곡군 왜관읍 매원리 295-1	palmyhillscc..co.kr
팔공CC	053-982-8080	대구광역시 동구 도학동 산1	
하동골프리조트	055-883-8355	경남 하동군 횡천면 횡천리 1019	hgresort.com
해운대CC	051-726-8000	부산시 기장군 정관면 병산리 산6	haeundaecc.com
헤븐랜드	054-932-5000	경북 성주군 초전면 소성리 산49	heavenland.co.kr
힐튼남해골프스파	055-863-4000	경남 남해군 남면 덕월리 산35-5	hiltonnamhae.co.kr

전라도

대표	전화	주소	홈페이지
고창CC	063-560-7744	전북 고창군 심원면 고전리 1916	gochangcc.co.kr
골드레이크	061-339-3000	전남 나주시 남평읍 우산리 산178	goldlakecc.co.kr
광주CC	061-362-5533	전남 곡성군 옥과면 합강리 410	kjcc.co.kr
군산CC	063-472-3300	전북 군산시 옥서면 옥봉리 1741	gunsancc.net
나주CC	061-335-7722	전남 나주시 공산면 상방리 7	najucc.com
남광주CC	061-373-5511	전남 화순군 춘양면 양곡리 산67	ngjcc.co.kr
담양다이너스티	개장예정	전남 담양군 담양읍 학동리 산79	
무안GC	061-450-9000	전남 무안군 청계면 도대리 818-1	muangc.co.kr
무주CC	063-322-9000	전북 무주군 설천면 심곡리 산43-15	mujuresort.com
베어리버	063-861-0900	전북 익산시 웅포면 송천리	bearriver.co.kr
상떼힐익산	063-835-2521	전북 익산시 덕기동 산226-1	santefil.com
선운레이크밸리	063-560-2000	전북 고창군 아산면 용계리 산27-1	sunwoongc.co.kr
승주CC	061-740-8000	전남 순천시 상사면 오곡리 산177	sjcc.co.kr
아네스빌	063-547-1553	전북 김제시 황산면 봉월리 10-14	anesville.co.kr
아크로CC	061-470-7000	전남 영암군 금정면 세류리 533-1	acrogolf.co.kr
전주샹그릴라	063-643-1000	전북 임실군 신덕면 지장리 318	jcci.co.kr
클럽900	061-371-0900	전남 화순군 도곡면 쌍옥리 산15-1	club900.co.kr

대표	전화	주소	홈페이지
태인CC	063-532-7200	전북 정읍시 태인면 증산리 산3	
파인힐스	061-750-9000	전남 순천시 주암면 문길리 산20-2	pinehills.co.kr
함평다이너스티	061-320-7700	전남 함평군 학교면 곡창리 산6-21	Hdpdynasty.co.kr

제주도

대표	전화	주소	홈페이지
나인브릿지	064-793-9999	제주 서귀포시 안덕면 광평리 산15	ninebridges.co.kr
라온GC	064-795-1000	제주 제주시 한경면 저지리 산18	raon.co.kr
라헨느GC	064-754-9000	제주 제주시 봉개동 237-5	lareine.co.kr
레이크힐스제주	064-738-8228	제주 서귀포시 중문동 산5	akehillsjejucc.co.kr
로드랜드	064-793-0707	제주 제주시 애월읍 봉성리 산5	ordland.co.kr
봉개프라자	064-725-9000	제주 제주시 회천동 3-16 한화리조트내	bonggaeplazecc.com
블랙스톤	064-796-9988	제주 제주시 한림읍 금악리 산54	blackstonegolf.com
사이프러스	064-7987-8888	제주 서귀포시 표선면 성읍리 3129	cypress.co.kr
스카이힐제주	064-731-2000	제주 서귀포시 색달동 100	skyhill.co.kr
에버리스	064-795-5000	제주 제주시 애월읍 어음리 산60-1	
엘리시안	064-798-7000	제주 제주시 애월읍 어음리 산17	elsian.co.kr
오라CC	064-747-5100	제주 제주시 오라동 289	oraresort.co.kr
제주CC	064-702-0451	제주 제주시 영평동 2238-2	
제피로스	064-720-7000	제주 제주시 조천읍 와흘리 산28	zephyros.co.kr
중문CC	064-735-7200	제주 서귀포시 색달동 2101	
캐슬렉스제주	064-793-6688	제주 서귀포시 안덕면 광평리 산125	castlexeju.co.kr
크라운CC	064-784-4811	제주 제주시 조천읍 북촌리 산65	

대표	전화	주소	홈페이지
핀크스GC	064-792-5200	제주 서귀포시 안덕면 상천리 산62-3	pinxgc.co.kr
한라산CC	064-702-1234	제주 제주시 오등동 산57	hallasancc.co.kr
해비치	064-780-8000	제주 서귀포시 남원읍 신흥리 산30	haevichi.com

MEMO

MEMO

필드에서 나를 돋보이게 하는
베스트 매너 스트레칭

1판 1쇄 발행 2007년 8월 10일
1판 1쇄 발행 2007년 8월 14일

자은이 최성이
발행인 이용길
발행처 개미와베짱이
영업 권계식
관리 윤재현
본문 디자인 이룸

출판등록번호 제396-2004-000095호
등록일자 2004.11.9
등록된 곳 경기도 고양시 일산구 백석동 1332-1 레이크하임 404호
대표 전화 0505-6279-784
팩스 031-902-5236
ISBN 978-89-92509-08-4

· 좋은 책은 좋은 독자가 만듭니다.
· 독자 여러분의 의견에 항상 귀를 기울이고 있습니다.
  www.moabooks.com
· 저자와의 협의 하에 인지를 붙이지 않습니다.
· 잘못 만들어진 책은 구입하신 서점이나 본사로 연락하시면 교환해 드립니다.

저작권자와 독점계약에 의해 도서출판 개미와베짱이에 저작권이 있으므로 저작권법에 의해 한국 내에서 보호를 받는 저작물로 어떠한 형태로든 무단전재와 무단복제를 금합니다.